ÉTUDE

SUR

L'ABBÉ SUGER.

THÈSE

PRÉSENTÉE A LA FACULTÉ DES LETTRES DE PARIS

PAR

A. HUGUENIN,

Professeur agrégé, officier de l'instruction publique.

PARIS.

IMPRIMÉ PAR E. THUNOT ET Cie,

RUE RACINE, 26, PRÈS DE L'ODÉON.

1855

A MONSIEUR

J. D. GUIGNIAUT,

PROFESSEUR A LA FACULTÉ DES LETTRES DE PARIS,
MEMBRE DE L'INSTITUT,

Hommage de reconnaissance et de respectueux attachement.

ÉTUDE

SUR

L'ABBÉ SUGER.

En nous proposant cette discussion historique sur l'abbé Suger, nous ne pouvions sans doute avoir la pensée de remettre au jour un nom oublié ou trop peu connu; mais en étudiant les textes avec attention, il ne nous avait pas semblé impossible d'arriver à quelques aperçus nouveaux sur le rôle et l'influence de l'abbé de Saint-Denis, au douzième siècle. Nous avons donc entrepris cette tâche avec confiance, mais nous le croyons aussi, sans esprit de système, sans témérité ni présomption.

S'il doit arriver cependant que nos remarques prennent quelquefois le caractère de l'éloge, il ne faudra pas trop s'en étonner, et nous prions d'avance que l'on veuille bien ne pas nous en faire un trop sévère reproche. Il est difficile, en effet, qu'il en soit autrement lorsque l'on entreprend de montrer sous un jour nouveau les idées plus ou moins heureuses qu'un homme a pu concevoir, les services plus ou moins grands qu'il a pu rendre. Nos jugements, d'ailleurs, n'auront rien d'arbitraire; ils ne sortiront que des textes mêmes, et nous leur donnerons toujours pour appuis les preuves et le raisonnement. Nous ajouterons que nous n'entendons nullement mettre de côté la critique, et que nous lui ferons aussi sa part quand la vérité paraîtra la réclamer.

Maintenant pour mettre dans notre discussion l'ordre et la clarté convenables, il nous a semblé nécessaire d'établir d'abord quelques divisions générales, correspondantes aux différents caractères que nous devons étudier dans l'abbé Suger. Nous nous sommes donc proposé d'examiner les questions suivantes :

1° Quel est le caractère de Suger comme légiste ? Quelle part est-il permis de lui attribuer dans le rétablissement du droit et de la justice en France, au douzième siècle ?

2° Quels changements Suger commence-t-il à introduire dans la condition des campagnes ? Quels progrès lui doivent l'administration, l'agriculture et les finances ?

3° Quel est le rôle politique de Suger à la cour de France ?

4° Quelle est l'influence de Suger comme médiateur entre l'Église et l'État ?

5° Quel est le caractère de Suger comme écrivain, et en particulier comme historien de la monarchie ?

6° Quelle part est-il possible d'attribuer à Suger dans le mouvement imprimé aux arts pendant le douzième siècle ? Quelle protection particulière paraît-il accorder aux études dans le cours de son ministère ?

CHAPITRE PREMIER.

Quel est le caractère de Suger comme légiste. Quelle part est-il permis de lui attribuer dans le rétablissement du droit et de la justice en France, au douzième siècle ?

Tout le monde connaît l'humble origine de Suger et sa consécration comme oblat, dans l'église de Saint-Denis, à l'âge de dix ans (1). Suivant le témoignage de son biographe, le religieux montre de très-bonne heure d'éminentes qualités, c'est-à-dire une intelligence profonde, un vif sentiment de la justice et une forte volonté (2). Cette heureuse disposition pourrait déjà, sans doute, nous expliquer en partie la maturité précoce avec laquelle Suger, à peine adolescent, se porte de lui-même et comme par instinct vers la science juridique. Mais il est encore d'autres causes qui doivent éveiller dans Suger ce sentiment énergique du droit et lui imprimer un caractère particulier. Ce sont ces causes puissantes, mais cachées dans leur action primitive, que nous allons essayer de mettre un peu en lumière. C'est là, en effet, si nous ne nous trompons, que nous devrons trouver la raison essentielle qui fait tout à la fois de Suger un lé-

(1) On rapporte généralement à l'année 1082 la naissance de l'abbé Suger.

(2) ... Mirabantur omnes animum in illo excellentem (Vita Sug. a Willelmo. D. Bouquet, t. XII, p. 103).

... Proderent virtutes in quibus a puero exercitatus erat. (*Ibid.*)

Quis illius a juventute magnanimitatem... satis possit mirari? (Litteræ encyclicæ de Sug. D. Bouquet, t. XII, p. 112.)

gisté et un homme profondément dévoué à la cause de la justice.

Pour donner à notre démonstration autant d'intérêt que possible, nous prierons que l'on veuille bien se rappeler d'abord la situation générale de la société en France au onzième siècle. Nous n'avons pas toutefois à insister sur cette question, qui est bien connue de tout le monde; nous remarquerons seulement une circonstance qui nous paraît plus particulièrement de nature à faire ressortir le rôle que nous attribuons en premier lieu à Suger. Nous dirons donc que l'esprit d'usurpation qui régnait à cette époque, n'avait pas seulement pour effet d'anéantir les droits anciennement possédés : en se perpétuant par la force, l'usurpation finissait aussi par effacer jusqu'au souvenir même du droit, et le découragement, d'autre part, venait à son tour sanctionner la loi de prescription (1). C'était là un mal funeste que nous révèlent à chaque pas les documents contemporains, et que l'abbé Suger lui-même nous signale expressément dans ses chartes et dans ses mémoires.

On nous accordera sans peine, nous le croyons, qu'il devenait bien nécessaire de restituer au droit sa force naturelle, de rendre à la loi son action et sa puissance. On reconnaîtra aussi qu'une semblable tâche ne devait pas constituer un faible mérite pour ceux qui auraient l'intelligence et le courage de l'entreprendre.

---

(1) Cumque eum (Hugonem de Merevilla) in causam traheremus et sibi hæreditario jure patris, avi atque atavi consuetudinem excusaret, etc. (Lib. de reb. in administ. sua gestis. Duchesne, Hist franç., t. IV, p 335.)

Disons maintenant que l'abbaye de Saint-Denis, dont les propriétés pouvaient former par leur ensemble une véritable seigneurie, s'était vu entraîner, comme tout le reste, dans la décadence générale. La plupart de ses domaines, envahis par de puissants voisins ou ruinés par leurs propres avoués, se trouvaient, suivant le témoignage de Suger, réduits à un état voisin de la solitude. Les derniers abbés semblaient même avoir renoncé à changer cette situation; ils recouraient, comme tout le monde, aux emprunts usuraires (1), et, en dernier lieu, l'abbé Yves n'avait pas trouvé de meilleur expédient financier que d'établir le droit de mainmorte sur les habitants de la ville de Saint-Denis (2).

Mais vers les dernières années du onzième siècle une coïncidence très-digne d'attention donne à Saint-Denis Suger pour novice, Adam pour abbé, et le prince Louis, fils de Philippe Ier, pour disciple (3). Si nous ne nous trompons, cette triple rencontre doit avoir les plus importantes conséquences. En effet, pendant que les principes du droit public sont enseignés dans l'école de Saint-Denis au futur héritier de la couronne (4), l'abbé Adam se montre à nous

(1) Sæpius cruces et calices et pallia multis in locis in vadimonio ponebantur. (Lib. de reb. in adm. sua gest., p. 331.)

(2) Sugerii Constitutio II. Duchesne, t. IV, p. 548.

(3) Suger en 1092, Adam en 1094, le prince Louis vers le même temps, mais à une époque indéterminée.

(4) Altus puerulus... apud S. Dionysium. Sanè præfata ætate, animo juvenili vigere maturabat virtus auctiva, etc. (Vit. Ludov. Grossi, c. 1.)

Dans le jugement de Bouchard de Montmorency, le prince Louis se montre scrupuleusement attentif à observer les formes légales. Bouchard ayant refusé de se soumettre à la sentence royale, Louis ne le retient pas

comme un esprit ferme, plein d'activité et de courage. De son côté Suger, quoique bien jeune encore, prend lui-même son rôle particulier. Dans un passage curieux et trop peu remarqué peut-être du traité de son administration, il nous apprend que, même avant la fin de ses études classiques, il se sentait déjà vivement excité à combattre pour la défense de Saint-Denis. Un insolent agresseur venait-il à élever contre l'abbaye d'injustes prétentions, aussitôt le novice se rendait à la salle des archives, déroulait les anciennes chartes, en déchiffrait minutieusement les clauses, et remettait au jour les preuves du droit contesté (1).

L'abbé Adam ne pouvait faire autrement, sans doute, que d'encourager le zèle du religieux, et l'on peut dire, sans crainte de se tromper, que ce fut par les leçons et les exemples de ce maître que l'esprit de Suger s'exalta toujours plus vivement pour la défense du droit et de la légalité.

Ainsi, dès le temps de sa première éducation, Suger commence à s'exercer aux luttes judiciaires. Les droits revendiqués alors par Saint-Denis remontent plus ou moins haut; ils datent de Dagobert, de Pépin, de Charlemagne; mais aux yeux du jeune religieux ils ne sont jamais assez anciens pour être abandonnés. C'est au nom de Charlemagne, de Pépin, de Dagobert,

---

prisonnier, parce que la loi des Français ne le permet point... neque enim Francorum mos est. Or le prince Louis venait de quitter l'école de l'abbaye, d'où il avait évidemment emporté la connaissance de ces principes du droit public.

(1) Cùm *ætate docibili adolescentiæ meæ* antiquas armarii possessionum revolverem chartas et immunitatum biblos *propter multorum calumniatorum improbitates* frequentarem, etc... (Lib. de reb..., p. 333.)

que, de concert avec l'abbé Adam, il proteste contre les attaques des petits seigneurs du douzième siècle. A la vérité une simple protestation ne semblait pas encore de nature à ébranler beaucoup ces fiers barons qui ne se croyaient pas tenus d'obéir, même au prince vivant. Mais c'est ici l'occasion de rappeler que l'abbé Adam avait eu encore un autre disciple que Suger, et que dès lors la sanction efficace du droit n'était plus pour Saint-Denis une chose impossible.

On remarquera, en lisant la vie de Louis le Gros, que la première fois que ce prince est appelé à se charger de la lance et de l'épée dans l'Ile-de-France, c'est pour défendre Saint-Denis contre les attaques d'un sire de Montmorency dont l'abbé Adam avait hautement rejeté les prétentions (1). Nous n'avons point à raconter les détails de cet événement; nous dirons seulement que sur les preuves fournies par l'abbé Adam et mises au jour par Suger, Bouchard de Montmorency est condamné en vertu d'un jugement royal et forcé de réparer tous ses torts envers l'abbaye (2).

Ainsi nous voyons se produire, sous l'influence de Saint-Denis, le premier acte tenté avec succès, dans l'Ile-de-France, pour le maintien du droit et de la justice. Cette réhabilitation de la légalité, si l'on peut le dire, ne doit pas rester sans fruit : Saint-Denis a

---

(1) Accidit quasdam contentiones pro quibusdam consuetudinibus emersisse, quæ in tantam ebullicrunt irritationis molestiam, etc. (Vit. Lud., gr., cap. 1.)

(2) Querelam, commotionis causam, cum satisfactione (Ludovicus) pacavit. (*Ibid.*, c. 1.)

donné un salutaire exemple; tous les opprimés réclament justice au nom de la loi et viennent en foule implorer la protection royale.

Mais suffisait-il d'exiger la réparation des torts présents et personnels pour ainsi dire? Nous croyons pouvoir répondre qu'un droit plus étendu devait être réclamé. Une foule d'injustices et d'abus plus ou moins graves subsistaient partout depuis de longues années et s'appuyaient sur la consécration du temps : c'était donc là aussi un grand mal, auquel il fallait pouvoir apporter son remède. Maintenant nous avons la preuve que l'abbé Adam et Suger travaillent des premiers à faire revivre la force imprescriptible du droit contre l'injustice du passé. Une charte de l'année 1109, que nous avons extraite du cartulaire de Saint-Denis, nous révèle à cet égard leur courageuse initiative. Dans cet acte précieux Aimery, vicomte de Châtellerault, reconnaît l'entière légitimité des franchises accordées par Dagobert et par Charlemagne à l'église de Saint-Denis-du-Val, dans le Poitou : il avoue que ses prédécesseurs ont eu le grand tort de les interrompre, et que lui-même les a troublées injustement (1). En conséquence il les rétablit dans

(1) Notum est igitur ecclesiam Vallensem a religione cœpisse, regumque primitus boni Dagoberti deinde D. Karoli regis munificentia dilatatam... Hanc si quidem libertatem a prædecessoribus nostris *esse interruptam cognovimus*, *et tempore nostro perturbatam*, non sine pœnitentia confitemur, etc. (Cartul. de Saint-Denis, t. II, p. 432, Arch. imp.)

Suger, plus tard, se montrera toujours fidèle à ce principe de réaction : « Cum tanta oppressione per multa tempora in solitudinem fere jam redigeretur (Monarvilla) audacter resistere et *molestias hujusmodi hæreditate sancitas constanter exterminare elegimus.* » (Lib. de reb. in administ. gestis, p. 335.)

leur intégrité et en garantit le maintien scrupuleux, non-seulement en son propre nom, mais encore au nom de ses successeurs.

Le même document nous apprend encore une chose qui nous semble assez intéressante pour la question de droit public. Il faut se rappeler que les épreuves judiciaires, prescrites dans certains cas par les législations barbares, tendaient de plus en plus à devenir la règle générale. En effet les petits seigneurs, sous le titre d'avoués, s'étaient emparé presque partout des fonctions judiciaires : mais peu instruits des lois, impatients des difficultés et des lenteurs d'une enquête régulière, ils préféraient presque toujours les épreuves du combat, ou celles de l'eau et du fer ardent, comme des moyens plus prompts et plus faciles de trancher une question juridique. Les vicomtes de Châtellerault faisaient peser eux-mêmes cette procédure inique sur les vassaux de Saint-Denis, aussi bien que sur les voyageurs qui se rendaient au marché, placé non loin de l'église. Adam et Suger réclament contre cet abus et veulent que l'on y substitue, autant que possible, la discussion des preuves réelles.

« Nous accordons encore aux hommes de l'église du Val, ajoute le vicomte de Châtellerault, nous voulons, par une clause spéciale qui ne devra jamais être oubliée, que ni moi, ni mes successeurs, ni mon prévôt, ni aucun de mes serviteurs nous ne puissions imposer le combat, ou le jugement du fer ardent, ou le jugement de l'eau, *sans raison légitime* (1). »

---

(1) Illud etiam concedimus omnibus hominibus Vallensis ecclesiæ et vo-

Il n'était guère possible, sans doute, d'abolir tout à fait une coutume si fortement enracinée dans les mœurs de la nation; mais n'est-ce pas une chose bien remarquable que d'en voir restreindre la pratique dès le commencement du douzième siècle, et c'est encore l'abbé Adam et Suger son disciple qui se partagent l'honneur de ce bel exemple.

Une circonstance assez importante dans la vie de Suger vient s'offrir maintenant à nos observations. Vers l'âge de vingt-quatre ans, il reçoit de son abbé la charge de prévôt à Berneval, dans le pays de Caux, près des bords de l'Océan. Le religieux se trouve ainsi en communication avec le peuple le plus renommé, au moyen âge, pour la science juridique, et il a lui-même un tribunal où il prononce des jugements. Initié à la coutume de Normandie et aux lois de Guillaume le Conquérant, il ne peut se trouver sans doute à une meilleure école, pour se perfectionner dans la science du droit, pour saisir les finesses et atteindre à toutes les profondeurs de la jurisprudence.

Dans le traité de son administration, Suger nous apprend qu'il fait alors contre les Normands eux-mêmes un heureux essai de ses talents judiciaires et oratoires. Le prieuré de Berneval, longtemps abandonné, avait eu à souffrir de grands dommages, et comme pour mieux achever sa ruine, les agents de l'échiquier étaient venus imposer de fortes taxes sur son modique revenu. Mais le jeune prévôt décline

---

lumus quod sit semper memoriale ut neque ego, neque successores mei, neque præpositus... sive aliquis ministrorum nostrorum, imponant eis bellum, sive igniti ferri judicium aut aquæ sine legitimo testimonio. (*Ibid.*)

bientôt les prétentions de l'échiquier. On le voit alors se présenter hardiment dans les salles de plaids, répondre aux durs et astucieux financiers de Normandie aussi bien que l'homme de loi le plus consommé, et gagner enfin sa cause (1). Le légiste se montre déjà bien visiblement dans Suger.

Nous ferons encore ici une remarque qui devra servir plus tard à éclairer un autre point de notre discussion. Le religieux de Saint-Denis, placé aux extrémités de la Normandie et sur la route de l'Angleterre, devait naturellement s'initier aux intérêts et au génie d'une nation rivale : il était à même de juger de près un roi actif, qu'entouraient d'habiles ministres, et pour qui la France ne pouvait jamais, amie ou ennemie, rester indifférente.

On ne saurait donc mettre en doute les avantages que Suger retira de ce séjour d'environ deux ans qu'il fit en Normandie. Mais à Saint-Denis même il retrouva une école pratique de droit et de jurisprudence. En effet, sous le gouvernement de l'abbé Adam, Saint-Denis était devenu un centre actif d'affaires publiques. Il faut lire à ce sujet une lettre fort curieuse, où saint Bernard nous parle de ce bruit incessant des étrangers qui remplissaient tous les jours le cloître, de ces plaidoiries dont retentissaient

---

(1) In ea autem quæ dicitur Bernevallis possessione super Normannici littus maris, in qua etiam primam alicujus præpositura, ab antecessore meo accepi obedientiam, quam etiam in tempore strenuissimi regis Anglorum Henrici, adhuc satis juvenis, ab oppressione exactorum regiorum quos dicunt graffiones, multo labore, *multisque placitis* emancipaveram, etc. (Lib. de reb... p. 341.)

perpétuellement les salles et les voûtes de l'abbaye (1). C'était à ces tribunaux que l'on jugeait les affaires les plus difficiles, et que l'on prononçait, en dernier ressort, sur les causes que n'avaient pu terminer les simples prévôts de l'abbaye.

Suger, devenu l'un des intimes conseillers de la couronne de France, porte dans les questions de droit public ou privé la discussion profonde et lumineuse, les conclusions fermes et précises dont il a pris l'habitude à Saint-Denis et en Normandie. C'est alors surtout qu'il exerce, comme légiste, une certaine influence. Faut-il croire cependant que Suger s'applique beaucoup à créer des lois nouvelles? Non. Il s'efforce plutôt de ramener les esprits à l'observation exacte de celles qui ont été autrefois en vigueur (2). La loi salique, la partie des anciennes lois romaines qui ont subsisté jusqu'alors, enfin le vieux droit coutumier, sont toujours les sources auxquelles il emprunte ses décisions. Relever de ses ruines la législation du passé, telle est l'idée dominante de Suger, tel est le but principal vers lequel il dirige les efforts de la royauté.

Ce culte trop fidèle de la loi antique nous paraît toutefois avoir donné lieu à un extrême fâcheux qu'il faut bien signaler. Il est certain, en effet, que les lois d'origine franque renfermaient une foule de

---

(1) Claustrum ipsum monasterii frequenter, ut aiunt, stipari militibus, urgeri negotiis, jurgiis personare. (S. Bernardi, epist. 78, inter editas a Mabill., col. 77.)

(2) Sicut in curiâ dominorum regum Francorum mos antiquus fuisse dignoscitur. (Epist. Sug. ad Capitul. Carnot. Duchesne, Hist. Fr., t. IV, p. 498.)

dispositions surannées et barbares qu'il importait de corriger. En professant un respect si absolu pour la lettre des anciens codes, Suger ne semble pas être entré suffisamment, peut-être, dans la voie des réformes législatives (1).

Mais dans l'application qu'il donne à la loi, Suger travaille toujours à faire prévaloir certains principes dignes d'attention. C'est en premier lieu l'observation rigoureuse de la forme légale; c'est la prédominance, aussi générale que possible, de la procédure régulière sur le combat et sur les autres épreuves en usage depuis tant de siècles dans les jugements. Telle est même, à ce qu'il semble, la principale modification que Suger apporte à l'ancienne loi (2).

Parmi les autres maximes de jurisprudence que Suger professe dans les conseils du roi et dans les jugements de la cour, nous devrons encore remarquer celle-ci qui lui fait le plus grand honneur. Suivant l'abbé de Saint-Denis, le juge doit infliger des

(1) Lorsqu'il s'agit, par exemple, de supprimer à Saint-Denis le droit de mainmorte, Suger, qui reconnaît d'ailleurs combien une pareille servitude est onéreuse pour la bourgeoisie, commence par examiner si elle est ancienne ou de date récente ; il en constate l'origine récente, et cette circonstance en détermine pour une part la suppression. (Suger, Constit. 11. Duchesne, p. 548.)

(2) L'église de Saint-Denis s'abstenait de ces pratiques dans le gouvernement de son temporel. La coutume de Lorris, rédigée par Suger, sous le règne de Louis VI, et dont nous aurons lieu de parler plus tard, laisse apercevoir également une intention manifeste de rendre aussi rare que possible le recours au gage de bataille. Les idées de Suger à cet égard étaient bien connues, car nous voyons Guillaume III, comte de Nevers, recourir à sa médiation pour obtenir la réforme d'un jugement de Louis VII, qui obligeait ce seigneur à faire combattre un de ses hommes en champ clos. (D. Bouquet, t. XV, p. 520.)

peines moins pour exercer une vengeance contre le coupable que pour empêcher le mal qui pourrait se commettre à l'avenir : il veut que l'on mêle à la peine prononcée par la loi, les ménagements compatibles avec l'intérêt social. Nous ne saurions malheureusement prétendre que cette maxime d'humanité, qui fait l'un des caractères de notre législation moderne, ait toujours été fidèlement suivie dans la pratique. Mais il est certain que Suger l'avait prise pour règle dans le gouvernement des vassaux de Saint-Denis, et qu'il la faisait pénétrer autant qu'il dépendait de lui dans les jugements émanés de la cour (1).

Suivant un autre principe non moins sage et non moins opposé à l'esprit de l'époque, Suger veut que la punition du coupable soit entièrement personnelle, c'est-à-dire plus salutaire et plus juste à la fois. Nous en citerons, en particulier, un exemple assez remarquable. Après le départ de Louis VII pour la terre sainte et pendant les premiers moments de la régence, beaucoup de ces petits seigneurs qui vivaient sous l'abri d'obscurs manoirs ou de maisons fortifiées, commencèrent à se montrer hardiment et à répandre de nouveau la terreur par leurs brigandages. Suger ne les menace point, comme c'était l'usage, de ravager leurs terres, c'est-à-dire de frapper les innocents avec les coupables. Persuadé qu'il faut diriger contre les seuls auteurs du mal toute la sévérité du châtiment, il se met en devoir de se

(1) Peccantes puniens non tam quia peccassent, quam ne peccarent. Jam vero in ulciscendo talem se exhibebat, ut nemo sanus ambigeret compatientem illum et invitum ultionem exigere. (Vit. Sug. a Willelmo, p. 105.)

saisir de leurs personnes et de les ramener dans les prisons royales. Ceux-ci comprennent à leur tour qu'il leur faudra expier leurs méfaits, et qu'une rançon plus ou moins forte ne les rendra pas facilement quittes, envers la justice du régent. On les voit donc successivement rentrer dans l'ordre, et les moyens employés par l'abbé de Saint-Denis ont paru si merveilleux et si efficaces qu'ils excitent dans tous les esprits la plus vive admiration (1).

A la même époque de sa vie Suger nous paraît introduire dans l'administration de la justice une innovation digne de remarque. Chaque province, comme on sait, possédait sa coutume particulière et avait depuis longtemps des juges dont l'autorité et la compétence étaient à peu près sans limites. Sous le règne de Louis VII Suger chargé du gouvernement de l'État pendant un espace de plus de deux ans, établit à Paris, dans le palais du roi, le principal siége de sa justice. Il appelle devant ce tribunal les affaires les plus importantes et les causes les plus douteuses; la distance des lieux ne semble pas entrer pour lui en ligne de compte, et les provinces mêmes les plus éloignées de Paris ne sont pas exemptes d'une mesure jugée favorable à une meilleure administration de la justice.

Cette nouveauté étonne les contemporains et provoque bientôt de vives résistances; mais Suger paraît maintenir sa mesure avec fermeté. Ainsi, un nommé Renaud de Montfaucon, habitant de la ville

(1) In brevi itaque istorum ausus temerarios compressit, atque illorum machinationes manu valida redegit in nihilum. (*Ibid.*, p. 108.)

de Bourges, ayant refusé de comparaître devant la cour de Paris, parce qu'il voulait, disait-il, être jugé dans son propre pays, et suivant la coutume de sa province, Suger envoie au prévôt et aux sergents royaux, l'ordre de se saisir de sa personne, et de le contraindre à l'obéissance (1).

L'archevêque Pierre, de Bourges, réclame, il est vrai, en faveur de Renaud, et déclare même à Suger que la paix publique pourrait bien, à cette occasion, être sérieusement troublée dans la province. Nous ignorons si le régent crut devoir faire droit à ce qui lui était demandé; mais nous voyons que le système des appels continue toujours d'être en vigueur. C'est ce qui fait que l'archevêque de Bourges est encore obligé, un peu plus tard, de solliciter une nouvelle exception pour Jouvenet et pour son fils Arnould, que le régent avait mandés eux-mêmes devant sa cour (2). Mais il ne faut pas croire que ce soient là des faits simplement accidentels. Un troisième exemple vient nous prouver que l'abbé de Saint-Denis avait bien réellement érigé en loi les appels de certaines causes devant la cour de Paris. Une querelle très-grave ayant éclaté entre un nommé Bernard et quelques habitants de la ville d'Orléans, Suger assigne le

---

(1) Rainaldum de Monte Falconis, præpositis Bituricensibus, nisi ante vos Parisius ad jus exsequendum venerit... capere præcepistis... cæterum pro fidelitate et pace regni in partibus illis conservandâ... prudentiæ vestræ consulimus quatenus vel causam illam aliquando differatis, etc. (Epist. Petri Bituric., archiep. ad Suger. Duchesne, Hist. Franc., t. IV, p. 524.)

(2) Juvenetum de Bituricis Arnulfumque filium ejus *vestra vocavit sublimitas ad causam agendam ante præsentiam vestram...* Rogamus delectionem vestram ut causam pro qua vocastis eos faciatis tractari in curia regis apud Bituricas. (*Ejusd.*, *ibid.*, p. 520.)

premier à comparaître devant son tribunal. L'évêque Manassès écrit aussitôt à Suger pour lui exprimer sa surprise, et lui demander en même temps que Bernard ne soit point soustrait à ses juges naturels, c'est-à-dire à la cour de l'évêque (1).

Dans cette mesure nouvelle, qui excitait de si vives et de si fréquentes réclamations, n'y aurait-il pas eu déjà une première pensée de centralisation pour la justice? Ne serait-il pas permis d'y voir aussi l'idée première des causes réservées, des appels royaux que doivent consacrer, par des lois fixes et précises, les rois Philippe-Auguste et Saint-Louis?

Nous ajouterons maintenant une remarque qui ne nous semble pas entièrement inutile. Ce n'était pas toujours, comme il semblerait assez naturel de le croire, une tâche facile et toute simple, que de faire prévaloir dans les conseils de la royauté les avis les plus équitables. On ne pourrait assurément méconnaître dans Louis VI la volonté sincère d'empêcher l'oppression et de se dévouer généreusement au soutien de la bonne cause. Mais ce sentiment, vrai au fond, n'était pas toujours, dans la pratique, à l'abri de l'erreur et surtout des séductions. Suger explique les fautes de Louis VI par une certaine simplicité d'esprit, jointe à une facilité de caractère dont il était très-facile d'abuser : mais Suger, pas plus que les autres écrivains du temps, ne nous dissimule la puis-

(1) Sicut relatum est, prædictum Bernardum de feodo nostro *in causam, in curia vestra venire compellitis* qui in curia nostra quidquid justitia declaraverit sese exsecuturum firmissime promittit. Benigne rogamus, etc. (Manassæ episc. Aurelian. ad Sug., epist. 12 ; *ibid.*, p. 496.)

sance extraordinaire de l'argent dans cette cour, si dénuée de ressources.

C'était par leurs richesses en effet, c'était par la disposition surtout qu'ils montraient à en user pour les besoins de la couronne, que les favoris obtenaient toute la confiance du roi. Mais ils entendaient bien se dédommager avec avantage de leurs sacrifices intéressés, et c'était par là qu'il devenait si facile de faire pencher la balance dans leur main et dans la main du prince qui la tenait après eux (1). N'oublions pas aussi que la loi permettait le rachat pécuniaire d'une foule de délits. Or il était impossible que ce principe vicieux ne s'étendît souvent d'une manière funeste : il était impossible que l'on ne fît pas dominer la vénalité et la corruption sous l'apparence de la simple rançon ou de l'indemnité légale.

On comprendra maintenant tout ce qu'il fallut de courage à Suger, lorsqu'il fut associé aux conseils et aux jugements de la cour; on comprendra tout ce qu'il eut à opposer d'intégrité héroïque, de force inébranlable pour vaincre ces funestes influences. C'est là, en effet, un des rôles importants de Suger, comme légiste et comme représentant officiel de la justice royale (2). Le but qu'il a constamment devant les yeux, c'est qu'il ne sorte jamais de la bouche du roi

(1) ... Collaterales ejus muneribus et promissis corrupit (Thomas de Marna). Vit. Lud. Grossi, cap. 7.

... Vilibus et corruptis avaritia personis nimie aurem et animum dabat (Ludovicus Sextus). (Guibertus de Nov., D. Bouquet, t. XII, p. 251.)

(2) Cùmque ab eo jura dictarentur, nullo unquam pretio declinavit a recto, nullius personam respexit in judicio... (Vita Sugerii a Willelmo, p. 103.)

un jugement qui ne soit inspiré par la seule justice, *dictante justitiâ* (1).

Les efforts de Suger produisirent certainement des fruits heureux : la loi, comme nous l'avons dit plus haut, fut appliquée avec plus d'équité et d'intelligence. Mais nous devons malheureusement reconnaître que le désintéressement de l'abbé de Saint-Denis ne put constituer à la cour une règle absolue et que son exemple ne prévalut pas complétement, à l'avenir, contre la vénalité et la séduction.

CHAPITRE II.

Quels changements Suger commence-t-il à introduire dans la condition des campagnes? Quels progrès lui doivent l'administration, l'agriculture et les finances?

Parmi les choses que le développement du régime féodal avait le plus contribué à détruire, il fallait placer, en premier lieu, l'agriculture, l'administration et l'économie financière. L'esprit d'indépendance et d'envahissement avait eu pour effet de rompre ou d'affaiblir au dernier degré les divers liens de la hiérarchie sociale, de substituer partout l'action de la volonté individuelle au mouvement d'un ordre général et régulier. Les ressources que l'agriculture et le travail ne peuvent multiplier qu'à la faveur d'une organisation forte et bien réglée, avaient donc sin-

(1) Vita Ludov. Grossi. D. Bouquet, t. XII, p. 54.

gulièrement diminué. Incapable d'habitudes pacifiques, dépourvu des connaissances que demandent une bonne administration et une sage économie financière, le seigneur ne savait guère retirer de ses domaines que les produits dont la nature fait à elle seule tous les frais. De là une immense disproportion entre les nécessités de la vie féodale et les ressources dont elle pouvait disposer; de là ces exigences sans nombre, ces droits multipliés à l'infini sur la terre du seigneur. Or un semblable état de choses produisait partout la ruine sans rien réparer; la propriété ecclésiastique, où s'étaient conservées encore quelques traces d'agriculture et d'administration, subissait également les atteintes funestes de la puissance féodale, et on la voyait dépérir chaque jour elle-même sensiblement.

S'il devait se rencontrer alors des esprits assez forts, assez courageux pour essayer de lutter contre ce courant de l'esprit féodal, une tâche bien grande et bien difficile, sans doute, leur était réservée.

Nous avons vu dans le premier chapitre Suger, très-jeune encore, déployer toute son activité à remettre Saint-Denis en possession de ses anciens droits. En comparant la situation présente de l'abbaye avec ce qu'elle avait été autrefois, le religieux s'appliquait aussi à découvrir les causes d'une si profonde décadence. Il reconnut que les principales étaient, d'une part, la violence extérieure, et d'autre part, la négligence jointe au découragement (1). Tels

(1) Violentia quorumdam, et invaletudine et negligentia abbatum et mo-

étaient donc à ses yeux les deux ennemis qu'il fallait saisir corps à corps, pour ainsi dire, et combattre avec une infatigable persévérance.

Ce qui fait l'administrateur, c'est évidemment une intelligence profonde des moyens et une constante activité à les mettre en œuvre. A quel point Suger doit-il réaliser ce double caractère? c'est ce que nous demanderons, non à une idée préconçue, non aux vagues louages dont l'abbé de Saint-Denis a été souvent l'objet; nous chercherons notre réponse dans une appréciation attentive des actes dont il a laissé le souvenir, soit dans ses écrits, soit dans les pièces authentiques émanées de sa main et qui se sont conservées jusqu'à nous.

Cependant nous demandons, dès à présent, que l'on ne nous attribue pas la pensée d'attacher ici au mot d'administration une étendue et un caractère qu'il ne saurait avoir au douzième siècle. Nous sommes bien éloignés, en effet, de chercher dans Suger un administrateur à la façon de Colbert: mais chaque idée est relative, et, à une époque où la vie sociale semble un peu renaître, nous essayons, autant que possible, de saisir les germes encore plus ou moins faibles, les soupçons encore plus ou moins vagues de la science administrative: nous désirons constater les premières velléités, les premières tentatives de cette science, longtemps oubliée, mais qui doit revivre et donner plus tard des fruits heureux.

---

nachorum ejusdem ecclesiæ... insolitæ consuetudines atque exactiones inolescere cœperunt... (Charte de Louis VI en faveur de Saint-Denis, année 1111; Cartul. de l'abbaye, t. I, p. 48.)

Les travaux administratifs de Suger auront pour premier théâtre le temporel même de son abbaye; mais ils ne nous offriront pas moins un sujet d'observations intéressantes, puisque nous les verrons ensuite servir de modèle pour l'administration même du royaume.

L'abbé Adam a vu de très-bonne heure dans Suger un futur prévôt, et c'est à Berneval, sur les côtes de la Normandie, que le religieux va faire le premier essai de ses talents administratifs. Il nous est permis de croire qu'il dut trouver dans le génie éminemment calculateur du peuple normand quelques bonnes inspirations, et qu'il put recevoir en même temps d'utiles notions d'agriculture, dans un pays qui en avait conservé les meilleures traditions.

Mais Adam, à ce qu'il semble, réservait Suger pour les charges plus difficiles de son temporel. A son retour de Berneval, le prévôt est envoyé dans la terre de Toury, en Beauce, et cette mission nouvelle doit avoir pour l'éducation administrative du religieux des résultats importants que nous essayerons d'apprécier aussi exactement que possible.

Toury, situé près de la grande route de Chartres, à Orléans, est le plus considérable des domaines de Saint-Denis (1). Mais il a subi depuis longtemps le sort commun des propriétés rurales. Abandonné en partie depuis un grand nombre d'années, il se trouve plus près que jamais d'une ruine complète, par suite

(1) Tauriacus, famosa B. Dionisii villa, caput quidem aliarum. (Lib. de reb., p. 336.)

des déprédations de Hugues le Beau, sire du Puiset, qui habite dans le voisinage (1).

Si nous nous demandons maintenant quelles étaient les causes les plus ordinaires qui faisaient abandonner, soit du colon, soit du propriétaire lui-même, le plus beau et le plus vaste domaine, nous reconnaîtrons que ce n'était pas seulement la difficulté réelle de la défense; c'était plutôt encore l'invincible terreur qui s'emparait des esprits et la décourageante persuasion qu'un bien une fois perdu, il était impossible de le recouvrer (2).

Cependant, pour faire renaître dans un lieu quelconque l'ordre et la vie sociale, la première condition devait être assurément d'y rétablir la liberté, de l'affranchir tout d'abord de la tyrannie qui s'en était rendue maîtresse.

Le sire du Puiset est un ennemi bien puissant, car personne n'a osé jusqu'alors lui résister. Mais c'est précisément là ce qui va nous faire connaître Suger et nous montrer tout ce qu'il est capable d'entreprendre et d'exécuter. A la tête des victimes de Hugues le Beau, Suger n'hésite pas à réclamer le secours du roi, et bientôt il ne reste du Puiset que quelques ruines (3).

La paix est rendue à Toury, mais cela ne suffit pas encore; il faut y ramener l'ordre et le travail. Les

(1) ... Usque miserabiliter premebatur ut cùm illuc... præpositus, satis adhuc juvenis, accessissem, jam colonis pene destituta langueret, etc. (Lib. de reb., p. 336.)

(2) Nec enim ipsa domus (Tauriacus) seipsam aliquando tuebatur... (*Ibid.*)

(3) Vita Lud. Grossi.

secrets de Suger pour produire ce résultat difficile ne manqueront pas certainement de paraître tout simples et tout naturels; cependant ils seront nouveaux pour cette époque. Le premier de tous et le plus nouveau, peut-être, consistera à savoir faire à propos un sacrifice. Le prévôt donne aux colons des instruments de travail, il répare les habitations, rend les chemins plus sûrs et plus commodes (1). Mais il est impossible de rétablir un ordre quelque peu durable si l'on ne reconstitue en même temps le corps administratif qui doit régir le domaine. Or il faut bien se rappeler que la hiérarchie administrative avait été partout détruite et que la plus extrême confusion régnait entre les divers pouvoirs. Ainsi les maires, dont les fonctions consistaient à lever les tailles et à rendre la justice en l'absence des prévôts, s'étaient vu dépouiller par les avoués de cette dernière prérogative; ils n'étaient plus depuis longtemps que les premiers d'entre les serfs, dont ils partageaient les charges humiliantes (2).

Suger reconnaît donc la nécessité absolue de rétablir à Toury une administration un peu régulière. Une

(1) Terræ... tam nostræ quam aliæ, pristinam adeptæ libertatem, quæ bello aruerant, pace refloruerunt, sterilitate reposita fœcunditatem cultæ reddiderunt. (Lib. de reb. in adm. sua gest., p. 337.)

(2) C'est ce que nous prouvent différentes chartes, dans lesquelles l'abbaye de Saint-Denis prend soin, entre autres choses, d'affranchir les maires de la dépendance servile des avoués. « Major B. Dionisii quicumque sit... liber et immunis ab omni Hugonis advocatione et potestate, sive servitio in perpetuum permanebit. » (Cartul de Saint-Denis, t. II, p. 159.)

Odonem majorem S. Dionisii et omnes majoriam illam habituros... ab omni exactione et prava consuetudine (Robertus de Monteacuto) liberos esse clamavit. » (*Ibid.*, t. II, p. 220.)

charte précieuse, que nous croyons inédite et qui fut rédigée à cette époque pour le gouvernement de Toury, nous montre en quelque sorte le prévôt à l'œuvre dans l'accomplissement de sa nouvelle tâche. Suivant les dispositions de cet acte, le maire redevient, dans toute la force du terme, un véritable magistrat; il rendra, comme autrefois, la justice en l'absence du prévôt, qui lui délègue ses pouvoirs et lui assure des honoraires proportionnés à ses services (1).

Mais il faut que le maire présente, pour le ministère qu'il doit remplir, des garanties de probité et d'intelligence; il faut de plus qu'il soit soumis et dévoué à l'autorité supérieure dont il est le représentant. Le maire sera donc élu par l'abbé ou par le prévôt, et ceux-ci auront le droit de le révoquer, s'il manque à ses devoirs ou s'il refuse l'obéissance (2).

Le doyen, officier subordonné au maire qui le choisit lui-même, les échevins, ses assesseurs dans les jugements, sont assujettis de même à leurs devoirs respectifs aussi bien qu'à une subordination rigoureuse, seule garantie d'ordre public (3).

---

(1) Si præpositus extra Belsam fuerit et justitiam interim fieri necesse fuerit, Major in curte nostra quæ ibidem est, servientium nostrorum consilio sibi adjuncto, *justitiam faciet*. Servientem vel ministrum unum nostro vel præpositi nostri consilio et voluntate eligat, qui sibi coadjutor existat, qui tamen nobis fidelitatem jurabit. » (Cartul. de Saint-Denis, t. II, p. 24, Arch. imper.)

(2) Ceci résulte d'autres chartes analogues à celle que nous venons de citer : « Sane per præpositum S.-Dionysii, ad voluntatem ejus, in prædicta villa major ponetur. (Cartul. de Saint-Denis, t. II, p. 220.)

(3) Præpositus... scabinos constituet et si opus fuerit amovebit. (*Ibid.*, p. 220.)

Le prodigieux accroissement de Toury, transformé en petite ville dans le court espace de dix ans, nous atteste à la fois et les talents du prévôt et la puissance des moyens qu'il a su mettre en pratique (1). Mais ensuite Suger devient abbé de Saint-Denis, et c'est alors qu'il déploie d'une manière générale cette habileté qu'il n'a exercée d'abord que dans d'étroites limites.

Si nous ouvrons le cartulaire de Saint-Denis, nous voyons Suger ordonner en premier lieu un recensement général et universel du temporel de son abbaye. Nous avons trouvé un curieux échantillon de cette statistique dans le rôle détaillé que présenta, pour son fief, le nommé Mathieu le Beau, homme lige de l'abbaye, dans le Vexin français (2). Or les statistiques sont d'ordinaire les signes les plus certains d'une administration en progrès, et cette vérité, si nous ne nous trompons, devient applicable en particulier à l'abbé de Saint-Denis. Il n'a voulu connaître l'exacte situation de son temporel que pour essayer de lui rendre la vie et la prospérité dont les derniers temps l'ont fait déchoir.

---

(1) Dans une charte donnée à Toury en 1118, Louis VI emploie l'expression de municipe, et il déclare que cette petite ville, qui avait été, d'après ses ordres, fortifiée par Suger, est d'un grand secours contre les ennemis de la couronne. « De municipio autem quod in eadem villa ad utilitatem nostram et regni nostri defensionem constituimus , etc. » (Cartul. de Saint-Denis, t. II, p. 20.)

(2) Ego Matthæus Bellus, homo ligius existens S. Dionisii et ejus abbatis, rogatu D. Sugerii abbatis et totius conventûs , omnes feodos meos quos de S. Dionisio, in proprium possideo, et quos cæteri mei feodati, computavi, nullum prætermittens, etc... Actum anno MCXXV. (Cartul. de Saint-Denis, t. I, p. 234.)

L'abbé de Saint-Denis prend soin, en quelque sorte, de nous initier lui-même à ses intentions, à ses actes et à ses succès. Une pensée générale paraît être d'abord, en lui, comme le fond de toutes les autres : c'est d'arriver à son but par des moyens puissants, mais naturels ; c'est d'opérer la réforme sans trop de violence, de détruire les abus sans trop de préjudice pour ceux mêmes qui les ont fait naître ou qui en profitent.

Saint-Denis devait occuper en premier lieu l'attention de l'abbé Suger. Après avoir affranchi les bourgeois du droit de mainmorte qui pesait sur eux depuis un demi-siècle (1), il rachète l'octroi engagé pour une partie entre les mains du juif Oursel ; il augmente le corps de la ville de quatre-vingts maisons, agrandit les marchés publics et plante de vignes les vastes enclos qui, dans le voisinage même de l'église, se trouvaient complétement abandonnés (2). L'abbé ne déploie pas moins d'activité à ramener le travail, la sécurité et l'ordre dans les diverses propriétés de son église, sans en excepter les plus lointaines. Comme il ne craint jamais de faire un sacrifice utile, il rachète à prix d'argent les droits aliénés et ceux qui ont été usurpés par les seigneurs. Il retire aux avoués les tailles ruineuses qu'ils s'étaient attribuées depuis longtemps, et les oblige à se dessaisir du droit de juridiction ordinaire dont ils s'étaient emparés (3). L'avoué n'interviendra plus

---

(1) Suger, Constit. 11. Duchesne, Hist. Fr., t. IV, p. 548.

(2) Lib. de reb., etc., p. 331.

(3) Cum ipse (comes Dommimartini) talliam pro voluntate sua facere con-

dans les jugements que sur la réquisition de l'abbé, c'est-à-dire dans les occasions où il sera nécessaire de prêter main-forte à la justice.

De cette manière l'abbé demeure seul investi de la haute juridiction sur le temporel de son église (1) : il la délègue à ses prévôts ainsi qu'aux maires et aux échevins qui portent dans leurs fonctions la connaissance des lois et la pratique d'une procédure régulière. Dès le moment où l'échevinage prévaut ainsi contre l'avouerie féodale, la justice est rendue avec plus de précaution et d'équité.

Ainsi, comme autrefois à Toury, Suger apporte le plus grand soin à régler exactement les attributions de chacun et à prévenir cette confusion de pouvoirs, ces empiétements qui amenaient l'oppression et la tyrannie.

Pendant qu'il opère ces importantes réformes, l'abbé de Saint-Denis s'occupe non moins activement de changer la situation matérielle du domaine. Ensuite, lorsque par ses travaux et par ses efforts il est parvenu à remettre une terre dans l'état qu'il désire, il y appelle de nouveaux colons qui s'empres-

---

suevisset, hanc pacem cum comite fecimus ut tota villa (Trembliacum) absque exactione et consuetudine aliqua remaneret, et nos pro ejus hominio decem libras singulis annis de marsupio nostro ei daremus, etc. (Lib. de reb..., p. 331.)

Domino vero Cabrosæ... de proprio singulis annis centum solidos, tanquam feodato nostro, damus, ne reducat manum ad talliam vel terræ oppressionem. (*Ibid.*, p. 335.)

(1) De clamoribus audiendis et justitiis faciendis, nostra vel præpositi nostri, seu officialis nostri semper erit libera potestas. (Charte pour le gouvernement de Toury, cartul., t. II, p. 24.)

sent d'y venir, parce qu'ils doivent y trouver, avec la sécurité et l'aisance, un honnête profit sur leur travail. Remarquons bien que généralement, à cette époque, il n'y avait dans la perception des tailles ni ordre, ni modération. L'avoué exigeait d'abord tout ce qu'il se croyait dû. Le maire et ses agents réclamaient à leur tour ; ensuite c'était le maître qui venait percevoir des droits plus ou moins considérables. Le malheureux taillable pouvait toujours s'attendre à être pressuré, mais sans jamais prévoir à quel point il devait l'être.

L'abbé de Saint-Denis s'efforce de changer cet état de choses. Après avoir examiné attentivement la valeur naturelle de la terre et les ressources qu'elle présente, il en calcule, d'une manière à peu près sûre, le rapport moyen, et il fixe la taille d'après le revenu. La part du propriétaire, celles de l'avoué, du maire, des échevins sont déterminées suivant une mesure que personne ne peut dépasser (1). Le colon sait à l'avance ce qu'il sera tenu d'acquitter, et il ne se trouve plus exposé à ces cruelles surprises qui le jetaient dans la ruine et dans le désespoir. Nous dirons encore que Suger se faisait toujours une loi de n'imposer au colon que des conditions inférieures à celles qu'il aurait pu légitimement exiger. Il agissait ainsi, nous dit-il, parce qu'il *avait horreur de la rapine et de l'avarice* (2). Si quelquefois l'abandon trop pro-

---

(1) Lib. de reb. in adm. sua gest. passim. — Cartul. de Saint-Denis, t. II, p. 20 et p. 159.

(2) Multo plus, nisi rapinam anathematizaremus, facile unoquoque anno habere possemus. (Lib. de reb., p. 331.)

longé d'une terre y avait attiré des malfaiteurs, l'abbé exemptait de toute taille les familles qui avaient le courage de venir l'habiter, et ce moyen était toujours couronné d'un plein succès (1).

Nous appellerons ici l'attention sur un fait administratif dont l'initiative appartient à Suger, et qui nous paraît présenter, au point de vue politique et social, une certaine importance : nous parlons de l'établissement des *villes neuves*, constituées sous un régime particulier.

Les terres de Saint-Denis offraient alors, comme celles du reste de la France, de nombreux espaces entièrement abandonnés, parce que les habitants ne pouvaient y demeurer en paix ni jouir du fruit de leur travail. Les malheureux qui s'étaient vus ainsi chassés des campagnes cherchaient forcément d'autres moyens d'existence; les plus mal inspirés se mettaient à exercer le brigandage et transformaient en solitudes complètes les lieux déjà en partie délaissés. Entre autres domaines marqués de ce caractère de désolation, Saint-Denis comptait la terre de Vaucresson : là on rencontrait un espace de deux milles entièrement désert à cause des voleurs qui infestaient les forêts voisines. La pensée vint donc à Suger de faire à Vaucresson ce que nous appelons de nos jours une concession de terrain (2); il fit construire d'a-

(1) Lib. de reb, p. 334.

(2) ... Concessimus ut quicumque in quadam villa nova quam ædificamus quæ Val Cresson appellatur manere voluerint, mensuram terræ, arpennum terræ videlicet et quartam arpenti partem pro duodecim denariorum censu habeant, et ab omni tallia et exactoria consuetudine immunes existant. (Duchesne, Hist. fr., t. IV, p. 554.)

bord dans ce lieu si mal famé un certain nombre de maisons, et publia ensuite un décret qui assurait l'exemption de toute taille et de tout droit coutumier à ceux qui voudraient y habiter. Sur cet appel soixante familles vinrent, dans l'année même, s'établir à Vaucresson, et les voleurs s'éloignèrent (1). « La verdure du jonc et du roseau, dit Suger, qui emprunte ici le langage de la Bible, reparut dans ce lieu, où habitait naguère le dragon furieux. »

Les résultats si étonnants et si subits que l'on vit se produire à Vaucresson furent un véritable trait de lumière. Vaucresson devint le modèle de nombreuses villes neuves, établies dans le domaine royal, et ouvertes comme autant d'asiles au cultivateur laborieux, même au serf vagabond, à l'ouvrier ambulant, au petit marchand colporteur (2). Les villes neuves formèrent comme autant de colonies agricoles, où les franchises données et reçues pacifiquement, puis exercées sous l'autorité d'un prévôt royal, tournèrent au profit des habitants, à l'avantage de la terre et à celui de l'État.

Ainsi l'administration de Suger ne donnait pas seulement le bien-être matériel, mais elle mettait encore partout des images vivantes et réelles de l'ordre moral. Le colon, encouragé par l'aisance, se sentait plus

---

(1) Lib. de reb..., p. 334.

(2) On remarque entre autres Villeneuve-le-Roi, près d'Auxerre, 1163 ; Villeneuve, près d'Étampes, 1169 ; Villeneuve, près de Compiègne, 1177. Louis VII déclare que les priviléges particuliers accordés à ces petites colonies ont pour but d'y attirer un grand nombre d'habitants. (Ordonnances des rois de France, t. VII, p. 57, 684, 697.)

attaché au domaine : les différentes familles commençaient à former un petit peuple bien plutôt qu'une simple agrégation de serfs misérables sur qui l'on ne pouvait compter. Les mœurs devenaient plus douces, les habitudes plus régulières, les rapports de l'inférieur avec le maître plus naturels et plus dignes. Ce nouvel état de choses révélait pour la société, en général, une source pure et féconde de richesses ; il renfermait, pour la classe du colon, en particulier, un principe de régénération physique et morale, un germe d'émancipation future.

Mais nous remarquerons avec regret que le droit de mainmorte subsista toujours sous l'administration de Suger. L'ancienne coutume l'avait consacré, et l'abbé de Saint-Denis n'aurait pas cru pouvoir en faire le sacrifice, sans trahir les graves intérêts dont il était chargé.

La générosité que Suger montrait d'ailleurs, était loin de préjudicier aux intérêts de son temporel. Les sacrifices étaient toujours prodigieusement compensés, et lorsque, au bout de quelques années, l'abbé réglait ses comptes, il trouvait un revenu quatre ou cinq fois plus grand qu'auparavant. Cette proportion était même quelquefois dépassée de beaucoup, comme à Berville, dont le produit qui n'était que de trois livres s'éleva jusqu'à deux cents (1).

Cependant la nouvelle administration établie par l'abbé Suger devait amener nécessairement aussi une nouvelle organisation financière. Dans tous les do-

(1) Lib. de reb., p. 338.

maines de l'abbaye, les prévôts et les maires furent obligés de dresser un état exact des divers revenus, et de correspondre avec l'abbé, qui examinait lui-même les comptes, corrigeait les irrégularités et pourvoyait aux améliorations (1).

Un des caractères qui distinguent aussi une bonne administration financière, c'est l'art de répartir, dans une sage mesure, les ressources acquises; c'est l'art surtout de faire des économies, et d'établir d'utiles réserves pour les nécessités de l'avenir. Cependant rien n'est moins pratiqué à cette époque, où les besoins toujours croissants se pressent l'un l'autre, où les ressources du moment disparaissent sans jamais combler le vide où elles viennent se perdre. Mais il n'en est pas de même à Saint-Denis. Nous voyons l'abbé Suger déterminer avec discernement l'emploi d'un revenu que chaque année voit d'ailleurs s'accroître considérablement : il en attribue aux différents services une part proportionnelle, qui est toujours largement faite pour les besoins de l'agriculture (2) ; il destine une autre part à éteindre les dettes et à racheter les droits aliénés ou les obligations ruineuses (3), et il ménage en même temps une réserve au trésor (4).

---

(1) ... Ad hoc ipsum rem deduximus quod ducentos modios decem minus *inde a majore nostro habemus.* (*Ibid.*, p. 332.)

... Centum stampenses modios annonæ... *per manus ministrorum* reddere consuevit (Monarvilla). (*Ibid.*, p. 336.)

(2) ... Bubulcis et bobus quidquid necesse fuerit administrant (ministri villæ) et carrucis boves et necessaria suppeditant. (Lib. de reb., p. 331.)

(3) Usurpatas et alienatas tam a majore quam ab aliis terras retraximus... (*Ibid.*, p. 338.)

(4) Et quod adhuc his superest... usibus nostris, ecclesiis et pauperibus vel quibuscumque opportunitatibus erogandum censuimus. Extremis enim

C'est par de semblables moyens que l'abbé de Saint-Denis pourra un jour reconstruire magnifiquement son église et subvenir aux besoins d'une foule de personnes qui recourront à lui de tous les points du royaume (1) ; c'est par là qu'il pourra fournir à l'État lui-même des sommes considérables, suppléer en partie aux dépenses de la seconde croisade, et préparer à ses frais une nouvelle expédition à la terre sainte.

Nous venons de considérer Suger comme administrateur du temporel de son abbaye; mais Suger est en même temps le ministre et le premier conseiller de la couronne. On aurait donc lieu de s'étonner qu'il n'eût point appliqué à l'administration même de l'État quelques-uns des principes nouveaux qu'il avait su créer. Il ne nous a laissé, il est vrai, qu'un petit nombre de renseignements sur son administration publique ; mais indépendamment de ces indications déjà si précieuses par les conclusions que nous en pouvons tirer, nous trouvons encore, dans les actes des règnes de Louis VI et de Louis VII, le reflet marqué ou plutôt la reproduction évidente des principes appliqués par Suger au gouvernement temporel de son église. Ainsi, dès l'époque de Louis VI, plusieurs ordonnances nous révèlent l'intention manifeste de relever un peu l'agriculture dans le royaume par le moyen des franchises et des libertés. Une charte dé-

---

mensibus anni carior annona congregationum improvidentiam punire solet. (*Ibid.*, p. 334.)

(1) ... Cum uni omnes homini tanquam firmissimæ inniterentur columnæ, *omnesque ex illo tanquam de fonte haurirent largissimo.* (Vit. Sug., p. 106.)

livrée aux habitants d'un lieu nommé *les Muraux* (Murallia), dans le territoire de Notre-Dame-des-Champs de Paris, contient exactement les franchises et les priviléges que nous avons vu Suger accorder, en quelques circonstances, aux vassaux de Saint-Denis (1). Il en est encore de même des conditions accordées par une ordonnance de 1123 aux familles qui viendront habiter le Marché-Neuf, établi près de la ville d'Étampes (2). Ce document nous montre Louis VI attentif à protéger aussi la liberté du commerce et la sûreté des voyages (3). Mais parmi les actes de ce genre inspirés par Suger à Louis VI, il en est un qui nous paraît digne d'une attention toute particulière, et qui, pour n'avoir eu d'abord qu'un modeste théâtre, n'était pas moins destiné à produire les plus heureux effets : nous voulons parler de la coutume de Lorris, dont nous allons essayer d'indiquer sommairement l'origine et d'apprécier les caractères.

Entre la classe des campagnes et celle des villes se plaçait le bourg dont la population mixte était com-

(1) Ego Ludovicus... notum facimus universis quod pater meus, bonæ memoriæ rex Ludovicus VI juxta ecclesiam B. Mariæ de Campis in loco qui dicitur Murallia, posuit hospites quos liberos et quietos ab omni equitatu et exercitu, a tallia et ab omni exactione, et in civitate Parisiis ab omni consuetudine emunes constituit. (Ordonnances des rois de France, t. IV, p. 303.)

(2) Omnibus illis qui in foro novo nostro (stampensi) hospitati vel hospitandi sunt hanc consuetudinem... in decem annos concedimus. Ab omni ablatione, tallia, expeditione et equitatu quieti et soluti penitus erunt. (Ord. des rois de France, t. XI, p. 183).

(3) Omnes qui... annonam, vel vinum vel res quaslibet adducent, quieti cum omnibus rebus suis in veniendo, in morando et in redeundo ita permaneant quod... a nullo homine capiantur aut disturbentur.. (*Ibid.*)

posée d'agriculteurs et d'artisans. Or, dans la province du Gâtinais, l'une des plus fertiles, mais aussi l'une des plus désertes de l'Ile-de-France, se trouvait la petite ville de Lorris, habitée par des hommes actifs et industrieux. La même province renfermait aussi plusieurs des propriétés de Saint-Denis, entre autres celle de Baune-la-Rolande, voisine de Lorris, et que Suger, à force de travaux, était parvenu à repeupler et à faire refleurir. Soit que la vue des précieux avantages dont jouissaient les colons de Saint-Denis ait inspiré aux habitants de Lorris le désir d'en obtenir de pareils, soit que l'abbé Suger et le roi Louis VI aient pris l'initiative à l'égard d'une petite ville qui pouvait devenir dans la province un centre actif de travaux agricoles et industriels, il fut décidé que l'on donnerait aux bourgeois de Lorris une coutume dont l'abbé de Saint-Denis fut naturellement le rédacteur (1).

Pour répondre aux vues que l'on se proposait dans l'établissement de la coutume, il fallait d'abord invi-

(1) En comparant une expression qui se trouve dans la coutume de Lorris avec ce que Suger nous raconte de l'affranchissement de Baune-la-Rolande, nous sommes frappé d'une analogie qui viendrait à l'appui de notre opinion sur l'origine de cette commune. C'étaient les officiers mêmes de la couronne qui faisaient peser sur le domaine de Baune ces charges ruineuses dont Suger obtint l'abolition : l'abbé de Saint-Denis mentionne en particulier certaines exactions qui étaient connues sous le nom de *procurationes.* Or nous trouvons dans la coutume accordée à Lorris que le roi n'aura plus de droit de procuration sur les habitants de cette ville. « Nec a nobis habebunt *procurationem.* » Art. 15. L'affranchissement de Baune aurait donc amené réellement celui de la paroisse de Lorris, et s'il en était ainsi, ce serait après l'année 1122, époque de la promotion de Suger à la dignité d'abbé, qu'il faudrait placer cet événement resté sans date précise dans l'histoire.

ter l'homme intelligent et laborieux à se fixer sur le sol; il fallait qu'il ne craignît plus d'y élever une maison, d'y mettre quelques morceaux de terre en culture. La coutume déclare donc, en premier lieu, que tout habitant de Lorris ne payera pour sa maison et pour son arpent de terre qu'un cens de six deniers.

Cette règle établie pour le fond même de la propriété, l'auteur de la coutume assure au colon l'entière jouissance des fruits de son travail. Les tailles sont abolies, et l'on reconnaît aisément aux expressions de la charte que le législateur sait tout ce qu'il en coûte pour obtenir une récolte, et au prix de quels labeurs on pourvoit à la subsistance d'une famille. « Nul, dit-il, ne payera de droits pour les provisions qui doivent servir à sa nourriture; nul ne donnera de taille sur la récolte qu'il aura obtenue par son travail; nul ne sera tenu au droit de forage pour le vin qu'il aura retiré de ses vignes (1). »

Les préjudices que peuvent causer la perte du temps et les frais de voyage sont atténués autant que possible par le rédacteur de la coutume. L'habitant de la paroisse de Lorris ne sera point appelé hors de la banlieue pour répondre devant la justice du prévôt (2). Quiconque sera requis pour le service militaire du roi, pourra retourner le soir du même jour dans sa demeure (3).

La liberté personnelle, si peu assurée alors, est

---

(1) Article 2.
(2) Article 8.
(3) Article 3.

garantie par un article particulier. Nul ne sera retenu captif, s'il peut donner caution à la justice (1).

L'amende qui était de soixante sous ne sera plus que de cinq, et celle qui était de cinq sous ne sera plus que de douze deniers (2).

Le législateur se montre préoccupé en même temps des moyens de prévenir les procès et de faciliter les réconciliations entre les habitants de Lorris. Les parties qui voudront s'accommoder avant les débats ne payeront aucune indemnité au prévôt. Ceux qui auront témérairement réclamé le gage de bataille et qui s'en repentiront ensuite pourront encore traiter pacifiquement; mais ils rachèteront leur imprudence par une amende de deux sous et demi chacun. Si les parties persévèrent dans leur première résolution, et que le combat ait lieu, les ôtages du vaincu payeront cent douze sous d'amende. On voit ici l'intention manifeste de rendre aussi rare que possible le recours à l'épreuve de la bataille (3).

La coutume de Lorris fut réclamée, dès les premiers temps, par un grand nombre de populations avides de jouir des priviléges qu'elle accordait : on peut dire même que jamais coutume ne fut aussi populaire ni aussi répandue que celle qui avait pris naissance dans cette petite ville. Ces modestes noms de *coutume* et de *paroisse* ne présentent sans doute à notre esprit que des idées toutes pacifiques. Mais si le bourg, si la petite ville avec sa *coutume* n'est point

(1) Article 16.

(2) Article 7.

(3) Article 14. (Ordonnances des rois de France, t. XI, p. 201 et 202.)

appelée, comme quelques cités du royaume, à devenir le théâtre de luttes plus ou moins violentes ; si elle ne doit pas, comme Laon, Reims ou Amiens, fournir à l'histoire de ces drames parfois sanglants dont le souvenir nous émeut encore aujourd'hui, devrons-nous cependant lui refuser un autre genre d'intérêt? La coutume de Lorris, devenue la loi d'une multitude de petites communes laborieuses et florissantes, ne nous présentera-t-elle pas une œuvre de sagesse et d'expérience qui doit étendre partout, sans éclat et sans bruit, les plus heureux effets?

Si les campagnes et les petites villes du domaine royal se ressentirent de l'habileté administrative de Suger, les grandes cités ne pouvaient demeurer en dehors de son influence. Les villes de la couronne n'obtiennent point, il est vrai, de chartes communales ; mais n'est-il pas juste de reconnaître que le caractère de villes immédiates se conciliait peu avec l'idée fondamentale de la commune? La monarchie devait tendre de toutes ses forces vers l'unité, et nous voyons, en effet, Louis VI et Suger travailler de bonne heure à faire prévaloir, autant que possible, dans les communes elles-mêmes, le principe de la suprématie royale. Nous ajouterons que les nécessités malheureuses qui avaient déterminé ailleurs l'établissement des communes, n'existaient pas au même degré dans les villes immédiatement placées sous l'autorité du roi. Dès lors, pourrions-nous absolument nous plaindre de ne pas y rencontrer une institution utile, sous certains rapports, mais qui n'était au fond qu'un grand remède apporté à un grand mal. Cependant nous devons avouer que les villes de la couronne n'étaient pas elles-mêmes exemptes de charges et d'entraves, et qu'elles avaient, à leur tour, des intérêts à protéger, des réformes à obtenir.

La ville de Paris devait être en particulier l'objet des sollicitudes de la royauté et de celles du ministre qui dirigeait les conseils. Il n'est pas difficile de reconnaître l'esprit et l'inspiration de Suger dans l'ordonnance promulgée en 1134, en faveur de la bourgeoisie parisienne. Par cet édit remarquable, Louis VI veut que le prévôt de Paris prête main-forte aux habitants de cette ville, lorsqu'ils en auront besoin pour recouvrer leurs créances sur les biens de leurs débiteurs (1). Il ne faut pas oublier que les transactions particulières ayant été jusqu'alors sans garantie légale, l'intervention actuelle de la force publique pour assurer au marchand le prix de la chose vendue, ou le retour de la somme prêtée, constituait un principe nouveau de jurisprudence, principe qui était peut-être emprunté des communes, mais qui n'en devenait pas moins l'un des premiers fondements de notre législation commerciale.

Sous les inspirations du même ministre, nous voyons Louis VI construire la halle aux Champeaux, située, comme l'on croit, sur l'emplacement actuel de

---

(1) ..... Burgenses (Parisienses) de rebus debitorum suorum.... ubicumque et quocumque modo poterunt tantum capiant unde pecuniam sibi debitam integre et plenarie habeant.... Volumus et præcipimus ut præpositus noster Parisiensis et omnes famuli nostri Parisienses futuri et præsentes ad hoc sint in perpetuum burgensibus adjutores. Actum. Parisiis pub. anno MCXXXIV. (Ordonn. des rois de Fr., t. I, p. 6.)

la pointe Saint-Eustache, et qui aurait été la première origine de ces vastes marchés qui occupent aujourd'hui le même lieu (1).

Mais Paris n'attire pas seul les faveurs du monarque et l'attention du ministre. C'est ainsi que Bourges obtient la révision de sa coutume et que l'ancienne institution des prud'hommes lui est confirmée sous la garantie royale (2). Une remise du droit de mainmorte est accordée pour l'espace de sept ans à la ville d'Orléans, et cette concession ne paraît que le prélude de nouvelles réformes (3).

Si le pouvoir suprême exerce dans un État la principale influence, les hommes auxquels il délègue une partie de ses droits, exercent à leur tour sur la société une action qui n'est pas sans importance. Suger ne pouvait donc se dispenser d'assujettir à quelques règles fixes les corps administratifs qui régissaient les provinces et les villes de la couronne. Plusieurs actes authentiques de l'époque nous montrent, en effet, que les magistrats, à commencer par les prévôts, se voient prescrire certaines limites qu'ils ne doivent point dépasser (4). Suger introduit en même temps dans l'ad-

---

(1) In foro novo, in loco videlicet qui in suburbio Parisiis Campellis appellatur. (Charte de Louis VI, 1137.)

(2) Ab omni tolta et tallia et botagio et culcitrarum exactione omnino quieti et liberi erunt.... In exercitum vel in expeditionem extra Bituriam non ibunt.

..... Per probos homines Bituricis manentes, secundum villæ consuetudinem, sit judicatum quid debeat emendari. (Ordonn. des rois de Fr., t. XI, p. 222.)

(3) Ordonn. des rois de Fr., t. XI, p. 189.

(4) Præpositus noster (Bituricensis) adversus aliquem supradictorum ho-

ministration générale un principe très-digne de remarque : c'est la stabilité des pouvoirs. Il ne veut pas que l'on change trop facilement les magistrats. Rien, selon lui, n'est plus contraire à l'intérêt de l'État, parce que ceux qui s'en vont emportent tout ce qu'ils peuvent et que ceux qui leur succèdent, sachant qu'ils ne conserveront pas longtemps eux-mêmes leurs charges, se hâtent d'en profiter aux dépens de la chose publique (1).

Les intérêts du trésor royal ne pouvaient sans doute demeurer étrangers à l'attention et aux soins du ministre. Mais une chose que l'on n'a peut-être pas suffisamment remarquée, c'est l'extrême difficulté que cette tâche devait lui offrir. Les domaines de l'État, quoique fortement pressurés par les officiers royaux, ne suffisaient pas, en effet, aux besoins de la couronne, parce qu'il n'y avait dans la perception du revenu ni règle ni contrôle. Aussi la royauté cherchait-elle ses principales ressources dans les emprunts usuraires et dans les rémunérations plus ou moins considérables dont elle faisait payer sa faveur.

Substituer dans la levée de l'impôt la règle à l'arbitraire, la modération à l'avidité, la surveillance à la liberté presque absolue, était assurément une en-

---

minum per hominem de mensa et cibo suo, nihil poterit probare, vel disrationare. (Ordon. des rois de Fr., t. XI, p. 222.)

Encore commandâsmes-nous à tenir que nostre prévost (d'Orléans) par aulcun sergent de sa meson et de sa table..... Contre aulcun bourgeois ne puisse faire nules dérésons. (*Ibid.*, p. 189.)

(1) Dicebat enim nihil minus expedire Reipublicæ, dùm et hi qui amoventur, quæ possunt auferant, et substituti, quia idem metuunt, ad rapinas festinant. (Vita Sug. a Willelmo, p. 105.)

treprise peu facile. Tel est cependant l'ordre nouveau que Suger s'efforce d'établir ; il calcule attentivement les divers revenus de l'État et demande des comptes à ceux qui sont chargés de les percevoir (1). Il crée de cette manière les premiers éléments d'une administration que l'on ne connaissait pas encore, administration compliquée et avec laquelle, disons-le, la cour elle-même ne se familiarise pas aisément. Il est à peine nécessaire d'ajouter qu'une semblable innovation doit susciter à son auteur les haines les plus furieuses et les plus opiniâtres résistances.

Sous le règne de Louis VII, l'administration générale continue ses progrès, mais celle des finances devient toujours plus difficile. Les besoins de l'État ne font que s'accroître, et d'un autre côté le jeune monarque est bien loin de posséder la science de l'économie financière, qu'il ne doit même jamais acquérir (2).

C'est ici l'occasion de remettre un peu au jour quelques nouveaux services rendus par Suger et qui nous semblent mériter une sérieuse attention. Louis VII ayant laissé voir, aussitôt après son avénement, l'intention de diminuer le poids de l'ancienne monnaie ou d'en changer la valeur, une inquiétude très-vive se répandit partout, et plusieurs villes en-

---

(1) Un peu avant le retour de Louis VII en France, Suger convoque à Paris tous les officiers royaux pour recevoir leurs comptes et dresser un état général de la situation du royaume.

« Conveniens est ut interim servientes Regis advocetis ad computandum. » (Epist. Radulfi comit. Viromand. ad Sug. D. Bouquet, t. XV, p. 517.)

(2) A l'époque de la seconde croisade, Suger ne put jamais faire entendre à Louis VII une explication sérieuse sur l'état des finances. Louis écrivant peu après à son ministre reconnut sa faute. « Super quo.... prout oportuit, vobiscum loqui et disponere non potuimus. » (D. Bouquet, t. XV, p. 487.)

voyèrent, en effet, supplier le monarque de ne point altérer la vieille monnaie de son père. Suger, de son coté, parvint heureusement à détourner le jeune roi d'une mesure pleine de périls; mais en même temps le ministre sut concilier les besoins de la couronne avec le maintien du crédit public; les villes s'imposèrent quelques taxes nouvelles en faveur du trésor, et le numéraire conserva son ancienne valeur (1).

Mais une chose bien digne de remarque, c'est que malgré l'extrême embarras des finances, Suger pourvoyait encore aux divers besoins, et parvenait même quelquefois à diminuer les charges publiques (2).

A l'époque de sa régence l'abbé Suger peut déployer en souverain ses talents d'administrateur, et c'est alors principalement qu'il s'occupe d'assurer à la France les ressources durables de l'agriculture. Il applique au domaine royal les procédés qu'il emploie pour son abbaye : se trouve-t-il, par exemple, des forêts dangereuses ou inutiles, il les fait abattre et construit à la place des villages qu'il peuple de colons laborieux (3). On s'aperçoit bientôt que la disette, qui s'abat fréquemment sur les autres campagnes, n'atteint pas

(1) Ordonn. des rois de France, t. XI, p. 188 et 189.)

(2) Oge (j'ai) pitié de mes hommes d'Orliens, où je avoie le plus et le moins de la mainmorte. Ge vous ay otroyé la main... que celle coustume que nous avéons en la cité d'Orliens et dehors et partout l'avesque (l'évéché), donâsmes à tous nos hommes de tout en tout... que ceste coustume ne par nous, ne par nos successeurs, dorénavant ne sera demandée.

Ce fut fet à Orléans, en l'an MCXLVII. (*Ibid.*, p. 196.)

(3) Tot novæ villæ conditæ sunt, et veteres amplificatæ, tot excisa nemora et exculta. (Chronol. Roberti s. Mariani Autissiod. D. Bouquet, t. XII, p. 299.)

les propriétés du domaine royal, non plus que celles de l'abbaye. Nous ne pouvons résister au plaisir de rapporter ici deux petites lettres où saint Bernard remarque cet admirable privilége.

« Nos frères de la Maison-Dieu de Bourges, écrit-il un jour à Suger, manquent de pain, et nous avons ouï dire que dans le même pays la récolte du roi est abondante, et qu'elle est à bas prix. C'est pourquoi nous vous prions d'ordonner que lesdits frères reçoivent une part de cette récolte, suivant la mesure qui plaira à votre sagesse (1) »

« Nous envoyons, dit saint Bernard dans la seconde de ses lettres, un abbé pauvre à un abbé riche, afin que le dénûment de l'un soit soulagé par l'abondance de l'autre. Le premier souffre parce que ses champs ne lui ont rendu, au lieu de froment, que de mauvaises herbes. Puisque cette stérilité n'a pas frappé vos terres, nous prions et supplions votre pitié de venir à son secours (2). »

C'est donc alors surtout que Suger devient pour la France le véritable restaurateur de l'agriculture. Il n'est pas nécessaire, sans doute, de décrire toutes les conséquences d'un fait aussi important. Sans compter l'inappréciable avantage d'une subsistance

---

(1) Fratres nostri de Bituricensi archiepiscopatu, de domo Dei, egent pane, et audivimus quod abundat ibi annona domini regis et parum venalis inibi videtur. Itaque rogamus vos ut præcipitatis eis dari de annona illa, etc. (Epist. Bernardi ad Sug., 378. Duchesne, Hist. fr., t. IV, p. 520.)

(2) Abbatem pauperem abbati diviti mittimus... debitis premitur et panis inopia laborat, quod agri ejus pro tritico herbas perniciosas ei reddiderent. Quia ergo sterilitas ista vestros non attigit loculos rogamus et petimus per vestram ei misericordiam subveniri. (*Ibid.*, p. 524.)

plus assurée et plus abondante, d'un état de mœurs plus doux et plus favorable au développement des institutions sociales, l'industrie, à son tour, devait se ressentir de la prospérité des campagnes : on peut déjà prévoir l'époque peu éloignée où les villes reculeront leurs primitives enceintes.

Mais pendant que Suger augmente les ressources publiques, il porte sur les finances une attention toute particulière. Il en exclut sévèrement l'emprunt usuraire, si fréquent alors dans les cours mêmes des princes, et il s'applique sérieusement à créer un système de prudentes réserves pour les nécessités de l'avenir. Cependant la prévoyance était une des qualités qui manquaient le plus à cette époque; chacun ne s'occupait guère que des nécessités présentes, sans rien calculer pour la suite, sans chercher à se ménager des ressources périodiques et régulières.

Suger avait donc certainement donné un exemple nouveau, et qui aurait pu produire de plus grands fruits encore, s'il eût été toujours fidèlement suivi. Le ministre résume lui-même, dans une de ses lettres, les principaux traits de son administration. Après avoir annoncé au roi qu'il a payé toutes les dettes de l'État, il lui parle de ses économies : « Dans l'espérance de votre retour, lui dit-il, nous mettons en réserve vos droits de justice et de plaids, les tailles et les reliefs de vos seigneuries, ainsi que les provisions de bouche recueillies sur vos domaines. Nous avons soin de conserver en bon état vos maisons et vos palais, et nous faisons réparer ceux qui sont en ruine (1). » Mais Suger ne laisse point ignorer à son maître tout ce que lui a coûté de soucis et de fatigues le gouvernement du royaume : « Je suis déjà, dit-il, sur le déclin de l'âge; mais tous ces soins ont encore avancé ma vieillesse, et cependant j'y aurais volontiers consumé toutes mes forces, non par ambition, mais sans autre motif que l'amour de Dieu et l'amour de vous. »

CHAPITRE III.

Quel a été le rôle politique de Suger à la cour de France ?

Si nous nous reportons à l'enfance même de Suger, nous reconnaîtrons que, bien jeune encore, il devait recevoir les vives impressions de la royauté, dont la célèbre basilique lui offrait partout l'image et les souvenirs. Mais Saint-Denis était encore, depuis longtemps, le dépôt officiel des monuments de l'histoire nationale. Aussi pendant que Suger, novice, voyait déjà dans le prince Louis, son condisciple, le futur héritier de l'autorité suprême, il étudiait notre histoire, soit dans les récits des écrivains, soit dans les pièces authentiques où les rois avaient sanctionné les actes de leur munificence. Ces chartes, auxquelles Dagobert, Pepin, Charlemagne avaient imprimé leurs sceaux et leurs noms; ces chartes où l'on trouvait

(1) Epist. Sug. ad Lud. (D. Bouquet, t. XV, p. 509.)

toujours présentes, pour ainsi dire, l'expression de leur volonté et la preuve de leur puissance, parlaient fortement à l'esprit du jeune religieux. C'était par ces réalités vives plus encore, peut-être, que par son imagination, qu'il se faisait l'idée de la monarchie, et qu'il en rappelait de tous ses vœux la grandeur passée.

Or nulle part mieux qu'à Saint-Denis, on ne comprenait le déclin universel de la société, et en particulier celui de l'autorité royale. Suger en avait déjà lui-même une profonde intelligence; il attribuait au démembrement de la monarchie l'affaiblissement et la ruine de tout ce qui tenait d'elle quelque grandeur et quelque force (1). A la même cause il rapportait aussi, comme cela était naturel, toutes les misères présentes de la société. Aux yeux de Suger, la royauté devait donc se proposer trois choses : relever son autorité, rétablir au dedans le règne de l'ordre, maintenir au dehors la puissance de la nation. Telles étaient les idées dont il s'était déjà pénétré depuis longtemps, lorsqu'il commença à prendre part aux conseils de la couronne.

Mais avant d'aller plus loin, nous ferons remarquer que l'on s'est généralement peu inquiété de distinguer aucune époque dans la carrière politique de

---

(1) Dùm nobile regnum Francorum in statu monarchiæ consisteret, circumquaque, sicut se regia potestas extendebat, per totam regni tetrarchiam, videlicet in Italia, Lotharingia, Francia, Aquitania, magnis multisque possessionibus liberalitate regum (monasterium S. Dionysii) abundabat. Sed quod *unitas* illibatum conservabat, filialis divisio et *corrumpere* et *diminuere* elaboravit. (Lib. de reb., p. 340.)

Suger, de bien remarquer les divers progrès de son crédit, de faire ressortir le changement remarquable que son élévation à la première place doit amener dans les idées de la cour. Nous croyons donc qu'il y a là un sujet encore nouveau d'intéressantes observations.

Nous voyons l'abbé Adam produire Suger à la cour dès le règne de Philippe Ier (1). Le jeune religieux y assiste à quelques conseils; il y voit les grands de la couronne, s'habitue à les connaître, et, avec son esprit naturellement insinuant, il se ménage déjà leur amitié (2). Mais ce qu'il faut remarquer surtout, c'est que le caractère prévenant, les manières officieuses, la parole facile et agréable du novice, lui concilient l'amitié de Louis VI, son ancien condisciple (3). Tel nous paraît être le premier pas de Suger dans la carrière politique.

On sait que l'année 1109 devait être pour la France celle d'un grave événement. La paix est tout à coup rompue entre Louis VI et le roi d'Angleterre Henri Ier. Suger intervient en négociateur complaisant et parvient à suspendre pour quelques moments une lutte désastreuse : c'est le premier service important qu'il

---

(1) Testabatur quippe pater filio Ludovico, nobis audientibus. etc... (Vit. Lud. Gr., cap. 8.)

(2) ... Quod in medium jam illum protulisset ingenii vigor... *vel magnorum virorum nobiles amicitiæ.* (Vit. Sug., p. 103.)

(3) C'est ce qui nous explique cette familiarité affectueuse que l'on voit régner depuis entre Louis VI et Suger. Le monarque nous dit lui-même, en parlant de son ami : « Quem *familiarem* in consiliis nostris habebamus. » (Charte de Louis VI, Felibien, Histoire de Saint-Denis, preuves, p. XCIII.)

rend à la couronne. Remarquons aussi que c'est la première fois qu'au milieu du bruit des armes se montre le pouvoir moral de l'habileté et du talent. L'opinion que l'on avait du religieux s'agrandit dès ce moment dans l'esprit de la cour; mais il n'y a encore d'autre place que celle d'un ami prudent et dévoué qui peut rendre dans l'occasion d'utiles services. Nous voyons en effet Suger poursuivre, pendant cette guerre de Normandie, son rôle de négociateur : nous le voyons en même temps prêter à Louis VI un appui plus matériel, mais non moins utile, en fortifiant et en défendant Toury contre la ligue armée à l'intérieur pour anéantir l'autorité royale. A cette époque déjà, Suger prend une place honorable dans le conseil du prince (1); c'est alors aussi qu'il déploie ses talents pour la discussion et qu'il acquiert la réputation d'habile orateur (2).

En l'année 1122, Suger est élevé à la dignité d'abbé de Saint-Denis; il est dans la maturité de l'âge; il a quarante ans. Son nouveau titre lui donne un rang plus élevé, et il compte parmi les hommes que la langue latine désigne alors sous les noms de *proceres*, d'*optimates*. Mais Suger n'est encore qu'à la seconde place, et une chose paraît même devoir

(1) ... Quomodo et ante honorem hunc cum principibus Ecclesiæ et regni consedere fecerit. (Sug., Constitutio 111. Duchesne, Hist. Fr., t. IV, p. 549.)

(2) ... Quid memorem hunc videlicet summum oratorem suis claruisse temporibus (Vit. Sug., p. 104.)

In aula regia præclarus et optimus causidicus habebatur. (Chronique de Morigny. D. Bouquet, t. XII, p. 78.)

l'y retenir longtemps et peut-être toujours : c'est l'esprit essentiellement guerrier du douzième siècle.

Cet esprit est nécessairement celui de la royauté, qui semble ne pouvoir appeler sur les premiers degrés du trône que des hommes capables de tenir l'épée. Nous en avons alors un bien frappant exemple. Pour obtenir à son tour le titre de premier ministre, Étienne de Garlande, archidiacre de l'Église de Paris, n'a pas hésité à se faire revêtir de la charge de sénéchal, qui lui donne, à lui ecclésiastique, le commandement général des armées du royaume (1).

Mais vers le milieu de l'année 1127, un événement aussi grave qu'imprévu éclate tout à coup au sein de la cour. La reine Adélaïde, mortellement irritée de l'excessif orgueil d'Étienne de Garlande, fait décider sa disgrâce, et le sénéchal est subitement exilé du palais pour n'y plus revenir. Les talents de Suger et son esprit conciliant le désignent bientôt pour prendre la place du ministre déchu. Nous remarquerons qu'il se présente ici dans l'ordre moral un changement qui doit attirer notre attention. Jusqu'alors le caractère guerrier uni à la richesse a été seul en possession du premier rang. Avec Suger, la supériorité intellectuelle a montré l'étendue et la puissance de ses ressources, et l'on est arrivé un jour à reconnaître hautement ses droits. Dans le chapitre suivant, nous

(1) Quis sane non miretur imo et detestetur unius esse personæ et armatum armatam ducere militiam et alba stolaque indutum, in medio ecclesiæ pronunciare evangelium ?... *Magis honorabile ducit putari se militem, curiam ecclesiæ præfert.* (Epist. S. Bernardi, 78. D. Bouquet, t. XV, p. 547.)

aurons lieu d'expliquer encore, par quelques considérations d'un ordre particulier, les causes profondes de cet événement. Observons déjà, ici, qu'il s'est produit une phase toute nouvelle, non-seulement dans la carrière politique de Suger, mais encore, si on peut le dire, dans les idées mêmes de la cour : le premier ministre est maintenant un abbé. Mais à la différence de la famille de Garlande, Suger ne prend aucun titre séculier. Il ne veut être qu'un intermédiaire anonyme placé entre le monarque et la nation (1). Chargé de la direction de l'État, il n'aura d'autre caractère extérieur que celui d'abbé de Saint-Denis.

Maintenant, si nous comparons un peu le passé avec le présent, nous croirons reconnaître que Suger apporte dans sa mission des vues plus élevées que celles des derniers ministres. Quoique la famille de Garlande ait été loin de manquer de talents naturels, l'abbé de Saint-Denis nous paraît comprendre mieux les questions d'un ordre supérieur, les intérêts moraux de la société et de la monarchie. C'est alors surtout qu'il réforme et améliore l'administration publique. Nous ne reviendrons pas sur cette question, qui a été traitée plus haut. Nous examinerons particulièrement l'influence de Suger comme médiateur entre la royauté et les grands vassaux, le rôle qu'il doit remplir à l'égard des puissances voisines,

(1) ... Cùm invitus et coactus consiliis regum interesset et Principum, hoc, ut fatebatur, non sine magno mentis gravamine sustinebat, ut pupillis, ut viduis, ut quibuscumque pauperibus et injuriam sustinentibus opem ferret. (Litteræ encyclicæ de Sugerio. D. Bouquet, t. XII, p. 112.)

et enfin la conduite qu'il s'impose dans deux circonstances décisives : nous parlons de l'expédition de Louis VII en Orient, et du divorce de ce prince avec la reine Éléonore.

En cherchant d'abord à nous rendre compte de l'influence de Suger comme médiateur entre la royauté et les vassaux, nous n'avons pas à parler de ces petits barons qui ne connaissaient que la vie de pillage et d'aventures : toute idée de médiation à leur égard serait absolument dénuée de sens; il n'y avait lieu pour eux qu'à la répression. Mais si une distinction bien marquée séparait la haute noblesse de cette aristocratie inférieure, les grands vassaux ne se laissaient pas moins entraîner fréquemment à l'insubordiuation et à la révolte. Il y avait à cela deux causes puissantes et bien connues : c'était d'une part un sentiment excessif de fierté joint à l'esprit d'indépendance; c'était, d'une autre part, l'intérêt matériel.

Suger, nous l'avons dit, commence dès sa première jeunesse à voir les grands, à les connaître, à les gagner. Son élévation ne lui ôte rien de ce premier avantage : mais nous devrons remarquer celui qu'il emprunte aussi de sa position particulière. Simple prêtre, il n'a pas d'intérêt personnel à faire prévaloir dans les débats où il intervient comme médiateur, et par là même il écarte déjà les soupçons et la défiance. Ami sincère de la puissance royale, il en maintient l'autorité comme principe de tout rapport, de toute discussion entre le monarque et le sujet ; d'autre part, avec cette science du droit dont il s'est pénétré de bonne heure, il n'oublie pas le légitime intérêt du vassal. Doué d'un esprit honnête autant qu'éclairé, toujours prêt à saisir le véritable nœud d'une question, il détermine la volonté des autres à la fois par la force du raisonnement et par l'équité des conclusions (1). C'est là, en effet, ce que nous exprime très-bien Henri fils du comte de Champagne, lorsqu'il déclare n'avoir autant de confiance dans personne que dans Suger, à cause de *ce discernement éprouvé* qui préside à ses jugements (2).

Mais Suger ne possède pas seulement un art profond de discerner le droit et de le mettre en lumière : il joint encore à cet avantage une connaissance intime du cœur humain et un tact des plus exquis. Il sait toujours ménager l'orgueil du vassal : s'il exige de lui la soumission au prince, il ne perd jamais de vue ce que demande la dignité d'un haut rang, et il réclame pour elle les égards de la royauté.

Telles sont les raisons puissantes pour lesquelles le célèbre Thibaut de Blois ne veut point avoir auprès du monarque d'autre avocat que l'abbé de Saint-Denis. Or ce comte de Blois qui est en même temps comte de Chartres et de Brie, et que nous voyons devenir plus tard souverain de la Champagne, présente certainement l'un des caractères les plus fortement marqués de l'esprit féodal. Neveu, par sa mère Adèle, du roi d'Angleterre Henri Ier, il tient aussi par les liens

---

(1) Tanta illum lux propter prima et integra consilia circumfulsit. (Vit. Sug., p. 103.)

(2) Scio.... in hoc præsenti negotio plus omnibus illis quos noverim.... experta discretione vestra mihi valere posse. (Epist. Henrici ad Sug. D. Bouquet, t. XV, p. 511.)

du sang à la famille royale de France, et il joint à la fierté excessive que lui inspirent d'illustres origines, tous les avantages de la richesse et du pouvoir. Aussi pendant les règnes de Louis VI et de Louis VII, le voyons nous constamment en lutte contre la couronne. Cependant Thibaut est un des premiers à écouter avec plaisir la voix de Suger et à se confier sans réserve à ses jugements. Il est persuadé, en effet, que la justice d'une cause, dans les mains du religieux, n'a rien à craindre, et qu'un seigneur peut croire sa dignité intacte et assurée, quand le ministre se charge de la maintenir. Thibaut va même jusqu'à regarder Suger comme le seul homme capable d'entretenir entre le monarque et lui une harmonie toujours prête à se rompre pour la moindre cause (1). Aussi n'est-il aucune déférence, aucun genre de respect que le comte de Blois ne témoigne à l'abbé de Saint-Denis. Ses lettres parfaitement d'accord avec ce que nous apprend le moine Guillaume, sont encore aujourd'hui une preuve vivante des sentiments du comte de Blois pour Suger, qu'il n'appelle jamais autrement que son très-cher ami (2).

Mais nous voyons la plupart des autres seigneurs montrer la même confiance dans l'abbé Suger. Geoffroi, comte d'Anjou, le constitue lui-même comme son médiateur en titre auprès de la royauté : il lui envoie des ambassadeurs; il lui adresse des

(1) Hunc comes Blesensium Theobaldus modis omnibus honorabat, hunc apud Reges Francorum advocatum producebat unicum. (Vit. Sug., p. 105)

(2) Epistolæ Theobaldi Bles. comit. ad Suger. Duchesne, Hist. fr., t. IV, p. 504, 518, 530, 531.)

lettres où respire le ton de la prière, et ne manque jamais de placer par respect le nom de Suger avant le sien, dans la suscription de ses missives (1). Nous remarquerons, entre autres, cette lettre dans laquelle le comte d'Anjou, naturellement si orgueilleux et si rebelle, assure le ministre de son entière soumission à Louis VII et se déclare prêt à s'acquitter des services qu'il doit au monarque (2).

Le comte de Flandre, Thierry d'Alsace, toujours reconnaissant des procédés de Suger à son égard, lui écrit dans des termes semblables, pour protester de son dévouement à la couronne ainsi que des sacrifices qu'il est disposé à faire pour sa défense (3).

Enfin, parmi les hommes que nous voyons recourir avec le plus de confiance à la médiation de Suger, nous citerons Guillaume III, comte de Nevers. Nous avons de ce seigneur une lettre par laquelle il remercie l'abbé, non point d'un service déjà rendu, mais simplement du bon accueil qu'il a bien voulu lui promettre; il lui exprime quelle est son impatience de le voir et de l'entretenir de ses intérêts (4). Dans une autre circonstance le même seigneur, obligé

---

(1) Quotiens illi Andegavorum comes.... Voto blandientis pariter et rogantis illi direxit nuncios. (Vit. Sug., p. 105.)

(2) .... Mando vobis sicut carissimo meo, quod si necesse fuerit, vocetis me ad servitium regis et certissime habebitis me paratum ad omnia quæ volueritis ad servitium regis, etc.... (Epist. Gaufredi comit. Andeg. ad Sug. Duchesne, Hist. fr., t. IV, p. 504.)

(3) ..... Si quando vobis placet ut ad vos veniam et de negotiis terræ vobis commissæ conferam, secure me vocate.... Paratus sum enim in omnibus terram, ad honorem Regis mei, defendere, et nulla pericula et labores, ut ei fideliter serviam, subterfugere. (*Ibidem*, p. 525.)

(4) *Ibid.*, p. 515.

par un jugement de Louis VII à faire combattre un de ses hommes en champ clos, supplie instamment l'abbé de se rendre à Étampes au jour assigné pour la bataille, et d'obtenir, s'il est possible, la réforme de la sentence royale (1).

Nous sommes cependant loin de prétendre que les choses se soient réglées d'ordinaire entre le monarque et les vassaux d'une manière facile. Suger ne pouvait se flatter de trouver toujours chez ses contemporains une heureuse disposition à recevoir ses avis ou ses jugements, et d'un autre côté il devait rencontrer dans les conseils de la cour, à toutes les époques de sa carrière, des hommes qui savaient faire triompher parfois une politique opposée à la sienne. C'est là une vérité que nous ne pouvons méconnaître. Mais nous voulions du moins constater que dans le temps où la royauté entreprenait, pour la première fois, la tâche difficile de dompter l'esprit féodal, un des bienfaits de Suger devait être de tempérer et d'adoucir un peu le choc des deux pouvoirs.

Si de l'intérieur nous portons maintenant un regard sur le dehors, nous dirons que l'Angleterre, l'Allemagne et l'Italie sont les trois pays de l'Europe qui nous semblent avoir des rapports plus ou moins directs avec la France pendant le douzième siècle : ce sont eux en conséquence qui nous donneront lieu d'apprécier la politique extérieure de Suger à cette époque. Mais nous désirons, en premier lieu, que l'on n'attache point à cette expression de politique exté-

(1) *Ibid.*, p. 532.

rieure, un caractère ni une étendue qu'elle ne saurait avoir. Nous déclarons dès à présent, que nous ne l'entendons que dans un sens tout à fait relatif aux temps et aux personnes.

Vers les dernières années du onzième siècle, la puissance normande établie sur le continent et dans la Grande-Bretagne menace sérieusement la couronne de France : elle aspire à en faire la conquête, et dans cette pensée elle s'appuie tout à la fois sur la force matérielle et sur la politique profonde qui lui ont déjà valu la possession de l'Angleterre. Le fameux château de Gisors, rebâti à grands frais par Guillaume le Roux en 1096, n'est pas destiné seulement à protéger la frontière normande : il doit bien plutôt encore servir aux projets de Guillaume contre le royaume de France (1).

Au commencement du siècle suivant, la politique normande se montre moins hardie : mais tout en modifiant ses vues, elle ne cesse pas d'être dangereuse pour la couronne de France. Henri Ier n'espère pas, il est vrai, comme son frère Guillaume, de s'emparer du trône des Capétiens; mais il travaille à resserrer la puissance française dans d'étroites limites, à fonder la prépondérance de la puissance normande sur le continent. Henri Ier n'est Anglais que par son

(1) Voici un texte très-précis de Suger sur les intentions qui étaient généralement attribuées à Guillaume II, à l'égard de la couronne de France :

« Dicebatur equidem vulgo regem illum superbum et impetuosum *aspirare ad regnum Francorum*, quia famosus juvenis (Ludovicus) unicus patri erat de nobilissimâ conjuge, Roberti Flandrensis comitis sorore. (Vit. Ludov. Grossi, cap. 1.)

titre royal ; il tient toujours par son origine, par son esprit, par sa langue et par son caractère à ce continent français d'où est sortie sa race, et qu'elle semble ne pouvoir abandonner.

Or pour le peuple normand fonder, c'est nécessairement s'agrandir. Aussi voyons-nous Henri Ier s'occuper avec ardeur de faire entrer dans sa dépendance les provinces voisines de la Normandie et resserrer son alliance avec cette puissante maison de Chartres et de Blois qui tient de si près à sa famille. Affaiblir la puissance française au moment même où elle tend à se développer et à s'accroître, telle est la pensée d'Henri Ier. Anéantir la prépondérance normande qui cherche à s'élever, telle est la pensée de Louis VI.

Maintenant, s'il y a quelque vérité dans cette disposition réciproque des deux rois et des deux peuples, il faudra reconnaître que de faibles intérêts de frontières, quelques châteaux surpris et enlevés sur les bords de l'Epte, ne sont pas, comme on l'a dit plusieurs fois, les causes de cette lutte opiniâtre qui met aux prises les deux nations rivales. Il y avait là, surtout pour la France, une véritable question d'existence, et Suger l'avait parfaitement compris, lorsqu'il appliquait aux rois de France et d'Angleterre les vers de Lucain sur les deux héros de la Pharsale (1). Il est dès lors évident que la sagesse politique, bien plus encore que la force matérielle, devenait néces-

(1) Cui illud convenit poeticum :

Nec quemquam sufferre potest Cæsarve priorem
Pompeiusve parem. (Phars., l. V.)

saire à la monarchie de Louis VI, contre un ennemi qui devait principalement à son incomparable habileté le succès de ses entreprises.

Après avoir montré la situation respective de la France et de l'Angleterre, nous devons nous demander quelle était la pensée de Suger, à l'égard du peuple normand, et apprécier ensuite les moyens qu'il emploie pour maintenir l'intégrité de la puissance française et pour lui assurer son libre développement.

Aux yeux de Suger la nation normande est de droit la vassale de la France : Suger n'admet nullement l'égalité politique des deux peuples, et sa pensée sur ce point est très-claire et très-précise. « Nec fas, nec naturale est Francos Anglis, imò Anglos Francis subjici (1). »

Le roi Louis VI est parfaitement d'accord avec Suger pour faire prévaloir ce principe ; mais sur d'autres points Suger et Louis diffèrent essentiellement. Le monarque paraît montrer une confiance à peu près absolue dans la force des armes : il veut rompre par l'épée le lien qui attache au continent français les héritiers de Guillaume le Conquérant, et après qu'il aura ainsi arraché la Normandie à la puissance anglaise, il pourra incorporer cette province au domaine royal comme un fief ordinaire. Telle est la pensée qui le dirige, lorsqu'il se détermine à donner à la Normandie, dans la personne de Guillaume Cliton, neveu déshérité de Henri Ier, un maître qui ne sera point assis en même temps sur le trône d'Angleterre.

(1) Vit. Lud. Grossi, cap. 1.

Louis VI donne pour auxiliaire à ses armes une certaine politique. Cette politique, s'il est permis de l'appeler de ce nom, consiste uniquement à chercher parmi les Normands eux-mêmes des appuis à sa cause; mais elle n'a pas d'autre résultat que de donner à la lutte le caractère d'une guerre civile, sans faire avancer la cause de la France vers un heureux dénoûment.

Suger connaît le peuple normand, et il connaît en particulier le caractère de Henri Ier. Il sait que ce prince, fût-il cent fois vaincu par son rival, ne consentira jamais à se renfermer tranquillement dans sa position insulaire; il sait que la France ne pourra pas compter aisément sur la soumission de la Normandie, parce qu'une moitié de cette province sera toujours du côté des fils de Guillaume le Conquérant. Suger est persuadé en même temps que la négociation est l'un des principaux moyens de paix; que seule elle peut permettre d'obtenir quelques conditions d'équilibre entre les deux puissances.

La couronne de France ne manquait pas de guerriers braves et dévoués, mais comme nous le disions plus haut, elle avait besoin surtout d'habiles négociateurs, et c'était assurément ce qui devait lui être le plus difficile alors de rencontrer. Pour mieux apprécier encore le rôle que doit remplir en ce moment le religieux de Saint-Denis, il faut bien remarquer à quel point le Normand est prévenu contre le Français, auquel il n'attribue que de l'orgueil et de la légèreté quand il s'agit de discuster de graves intérêts. Rien ne fait mieux ressortir à cet égard l'opposition des deux peuples que ce colloque du pont de Néaufle, où Louis VI et Henri Ier viennent exposer leurs griefs réciproques ; il faut lire à ce sujet le récit détaillé qui se trouve dans la vie de Louis le Gros, et la lettre dans laquelle le roi d'Angleterre rend compte au primat Anselme du même événement (1).

Suger, nous l'avons vu, s'est initié de bonne heure au génie des Normands, et même à leur langage. Ce n'est donc point par des paroles hautaines ou menaçantes qu'il discute un droit et fait valoir un intérêt. Il les démontre par des arguments exacts et solides, et ne tire de ses raisonnements que d'équitables conclusions.

Dès la première année de la guerre (1109), Suger obtient une trêve de quelque durée. Ce succès peut sembler d'abord d'une faible importance ; mais si l'on réfléchit à l'impression morale que Henri Ier avait emportée de l'entrevue de Néaufle, si l'on pense à quel point il était irrité, si l'on se rappelle enfin quel esprit de défiance l'animait à l'égard de ses rivaux, on devra certainement s'étonner de voir ce monarque prêter l'oreille aux paroles d'un Français, et consentir à déposer quelque temps les armes. Il faudra de toute nécessité reconnaître que Suger a déployé dans cette occasion des talents peu ordinaires.

Une preuve non moins évidente de ce que nous avançons en ce moment, c'est l'impression profonde

---

(1) Ego autem studens rationi et æquitati, cum moderata humilitate..... tantum æquo et justo acquievi, donec ipse (Ludovicus) fastu præsumptuoso ac nimia superbia mihi superquæsivit..... (Epist. Henrici reg. Angl. ad Anselm. D. Bouquet, t. XV, p. 68.)

que le religieux laisse, dès les premiers instants, dans l'esprit du roi d'Angleterre. Henri le regarde comme l'un des hommes les plus habiles et les plus intègres que l'on puisse rencontrer, et c'est une chose bien extraordinaire, sans doute, que de voir le prince anglais réclamer bientôt pour ses affaires intérieures les avis de Suger, lui découvrir des secrets qu'il tient cachés à ses propres ministres, et lui rendre dans sa cour des honneurs qu'il n'accorde pas même aux plus grands personnages de la Normandie et de l'Angleterre (1). La position du religieux devient sans doute bien délicate et bien difficile; mais il sait tenir la balance toujours droite, et telle est l'estime qu'il inspire aux deux rois, que jamais ils n'ont même la pensée de mettre la moindre réserve à la confiance qu'ils lui ont donnée (2).

C'est à la faveur de ce crédit, presque sans exemple, que Suger travaille au rétablissement de la paix avec une infatigable persévérance. Dans les derniers jours de l'année 1120, les deux rois signent à Gisors une première paix, à laquelle le pape Calixte II avait contribué lui-même pour une part considérable. Cette paix est fondée sur les conditions qui avaient toujours paru les seules possibles à Suger. Louis VI renonce à ses projets en faveur de Guillaume Cliton, et

(1) ... Familiarem me habebat (Henricus), venienti etiam... occurrebat, et quod multos suorum celaret de reformatione pacis, sæpius mihi aperiebat. Unde crebro, Deo auxiliante, contigit nostro labore de multis guerris et implicitis multorum æmulorum machinamentis ad bonam pacis compositionem pervenire. (Sug. epist. ad Gaudef., comit. Andeg. D. Bouquet, t. XV, p. 521.)

(2) ... Sicut ille cui ab utroque credebatur. (*Ibid.*)

accepte le prince Guillaume Adelin, fils de Henri Ier, comme son vassal pour le duché de Normandie. Henri, de son côté, consent à ce que son fils prête le serment d'obéissance et de fidélité à la couronne de France (1).

La mort imprévue du nouveau duc de Normandie ne tarde pas à réveiller la lutte, et ce n'est qu'en 1129, après vingt années d'hostilités continuelles, que Suger parvient à négocier une paix définitive. Louis reconnaît le roi d'Angleterre comme duc de Normandie, et Henri consent de nouveau à se reconnaître le vassal de la France (2).

Rien ne nous indique précisément quelles garanties particulières de sécurité la France obtint de l'Angleterre dans les deux traités de 1120 et de 1129; mais des garanties furent certainement stipulées, et les événements qui vont suivre nous prouveront que Suger avait dû exiger des sûretés et imposer à la puissance normande de justes limites.

Après la mort de Henri Ier, en 1135, la couronne, que ce monarque avait espéré transmettre à sa fille Mathilde, est donnée par un parti puissant à une autre branche de la famille de Guillaume le conquérant: la Normandie seule demeure entre les mains de Mathilde et du comte d'Anjou Geoffroi Plant de genêt, son époux. Cependant le nouveau roi d'Angleterre, Étienne de Blois, s'efforce d'arracher la Normandie elle-même aux héritiers de Henri Ier, et dans la lutte violente qui s'engage entre les deux maisons ri-

(1) Simeonis Dunelm. monachi. Hist. reg. angl.
(2) *Ibid.*

vales, chaque parti réclame l'appui de la France.

Suivant les conseils de Suger, Louis VII, qui occupe alors le trône de France, se déclare en faveur de Geoffroi Plant de Genêt, et lui assure la possession de la Normandie ; mais le ministre n'oublie pas de mettre à profit le service rendu à la maison d'Anjou; il exige de Geoffroi, et de son fils Henri, la cession du château de Gisors et de deux autres forteresses situées sur la même limite (1). Quelques années plus tard, en 1150, Suger obtient encore de Henri, fils de Geoffroi, la cession entière du Vexin normand, qui doit former à la France une puissante barrière (2).

Ainsi la France remplit maintenant, à l'égard des successeurs de Henri Ier, le rôle de juge et d'arbitre; sans blesser la justice, elle s'agrandit aux dépens de cette même puissance normande qui lui était encore naguère si redoutable, et ce résultat est pour une bonne part l'ouvrage de l'abbé Suger.

Il y avait, comme l'on vient de voir, entre la France et l'Angleterre des intérêts d'une nature grave et qui mettaient souvent les deux peuples en présence l'un de l'autre. L'empire d'Allemagne ne menace point, comme l'Angleterre, les intérêts directs de la France:

(1) Rege Stephano tumultibus anglicis occupato, comes Andegavensis invasit obtinuitque Normanniam, præter Gisortium et duo alia quasi appenditia castra quæ in potestatem regis cesserunt. (Guillelmus Neubrigensis, l. II, c. 24.)

(2) Ille itaque pro collato sibi adjutorio, Gaufrido patre suo concedente, Willcassinum normannum quod est inter Itam et Andelam regi Ludovico totum immune dedit. (Vit. glorioss. reg. Lud. VII. D. Bouquet, t. XII, p. 127.)

mais il s'attribue la prépondérance sur l'Italie : il aspire à dominer au-dessus de la puissance pontificale. Le Saint Siége cherche dans la France un appui pour sa liberté contre les tentatives de l'Empire, et tel est, vers le commencement du douzième siècle, l'intérêt puissant qui oppose l'une à l'autre la France et la Germanie.

A l'expiration du premier quart de ce même siècle, de pacifiques rapports semblent s'établir entre la France et l'Empire. Cette nouvelle période s'ouvre avec des circonstances d'un caractère très-grave, et dans lesquelles Suger nous paraît remplir une mission qui n'est pas entièrement dépourvue d'intérêt.

Vers le milieu du siècle, les projets hardis de la puissance normande établie au sud de l'Italie, et d'autre part les efforts de l'empire allemand pour détruire cette puissance ambitieuse, préparent un grand conflit dans le midi de l'Europe. La France se verra un moment entraînée dans cette grande lutte, où elle devra combattre à la fois contre les deux empires d'Allemagne et de Constantinople. Nous essayerons de montrer comment l'habileté de Suger et celle d'un abbé allemand parviennent à détourner de l'Europe ce dangereux orage. Il y a là, si nous ne nous trompons, un sujet d'aperçu nouveau qui ne semble pas tout à fait indigne d'attention.

C'est en l'année 1107, dans l'assemblée de Châlons-sur-Marne, où doivent se rencontrer le pape Pascal II et l'empereur Henri V, que Suger, encore simple religieux, étudie pour la première fois le caractère du peuple germain et l'esprit de la cour impériale. Dans cette assemblée, où il accompagne Pascal, comme représentant de l'abbaye de Saint-Denis, Suger voit réunie l'élite de la noblesse d'Outre-Rhin (1). C'est là une occasion magnifique, mais qui ne lui laisse malheureusement comme à tout le monde que la plus triste impression. Ce qui le frappe surtout, c'est la violence et l'obstination des hommes chargés de soutenir la cause de l'empereur : le raisonnement et la persuasion viennent perpétuellement se briser chez eux contre le sentiment de la force matérielle qui semble exclusivement les dominer (2). La France, appelée au rôle de médiatrice, demeure sans influence ; l'assemblée n'a aucun résultat, et les Allemands la rompent, tout à coup, en s'écriant : « Ce n'est point ici, mais à Rome et par les épées que se terminera cette querelle (3) ! »

C'était déclarer assez haut que l'Empire ne tenait qu'un faible compte de l'autorité de la France : c'était mettre positivement la force brutale au-dessus de la discussion et du droit.

Personne n'ignore que Henri V, quelques années plus tard, ne se montre que trop fidèle à sa menace ; et il est inutile sans doute de dire quels sentiments sa conduite dans la ville de Rome inspire à la France. A l'avénement du pape Calixte II, oncle de Louis VI, un rapprochement est tenté de nouveau, entre le Saint-Siége et l'Empire, sur la question des investi-

---

(1) Vit. Lud. Grossi, cap. 8.

(2) .... Qui tumultuanter magis ad terrendum quam *ad ratiocinandum missi* viderentur. (Ibidem.)

(3) Non hic, sed Romæ gladiis determinabitur querela. (Ibid.)

tures. Mais alors même Henri ne se montre pas différent de ce qu'il a été à Châlons, et lorsque plus tard, sous le poids de l'excommunication, il se détermine enfin à signer le concordat de Worms, il ne pardonne point à la France l'appui qu'elle a prêté au Saint-Siége. Tout le monde connaît l'histoire de l'invasion de Henri V, et le résultat glorieux qu'elle eut pour la France.

Dès ce moment, il est plus certain que jamais qu'aucun rapport pacifique ne saurait exister entre la cour de Henri V et celle de France. Aussi lorsque moins d'une année après l'invasion de la Champagne, le prince allemand termine prématurément sa carrière, on craint en France, comme en Italie et comme dans une grande partie de l'Allemagne, de voir se perpétuer sur le trône, l'esprit et la politique du dernier empereur. Cette crainte est d'autant plus fondée que les neveux de Henri V, Frédéric de Souabe et Conrad de Franconie, prétendent à sa couronne. On leur oppose, il est vrai, Lothaire, duc de Saxe, prince favorable à l'indépendance du Saint-Siége, et l'issue de cette élection tient l'Europe en suspens. L'abbé de Saint-Denis juge lui-même la conjoncture si grave, qu'il ne pense pas que la France doive y rester complétement étrangère.

Une charte de Saint-Denis, datée de Mayence au mois d'août 1125, nous apprend que Suger se rendit dans cette ville pour le moment de l'élection (1).

(1) Ego Maynardus cum Suggerio... in præsentiâ D. Adalberti venerabilis Maguntini archiepisc. *in illo celebri colloquio quod de electione Imperatoris apud Maguntiam habitum est*, hanc pacis compositionem feci, etc. (Cartul. de Saint-Denis, t. II, p. 475.)

Cette pièce, qui nous semble très-précieuse comme document historique, nous fait voir que la démarche de Suger avait bien certainement pour but de soutenir l'influence française dans cette grande circonstance. Nous voyons qu'il s'était fait accompagner de son frère Pierre, de Barthélemi, son chapelain, et d'un grand nombre de chevaliers.

La même charte nous insinue encore assez clairement que Suger fût accueilli avec faveur par l'archevêque Albert, grand chancelier de l'empire. Or c'était Albert qui dirigeait l'élection, et il s'était déclaré pour le duc de Saxe contre les neveux de Lothaire. Ce serait beaucoup trop présumer assurément que d'attribuer à Suger une influence marquée sur la diète, qui ne comptait pas moins de soixante mille électeurs. Mais il est certain que l'abbé de Saint-Denis s'acquitta de sa mission avec habileté, et qu'il travailla, pour sa part, au résultat que la France appelait de tous ses vœux.

Nous voyons bientôt l'empereur Lothaire II se joindre à la France pour reconnaître l'autorité du pape Innocent II, et se déclarer contre Pierre de Léon, qui s'était fait élever par son parti sur la chaire pontificale. Il ne semble pas du reste qu'il y ait eu de nombreuses affaires à traiter entre Louis VI et le nouvel empereur; mais l'éloge que Suger nous fait de Lothaire II, dans la vie de Louis le Gros, nous paraît témoigner des bons rapports qui existèrent entre ce prince et la cour de France (1).

(1) .... Vir (Lotharius) bellicosus, Reipublicæ defensor invictus, etc. (Vit. Lud. Grossi.)

Cependant un des neveux de Henri V obtient, après Lothaire, la couronne impériale. Mais Conrad III semble un peu oublier les exemples de sa famille, et nous remarquerons que pendant son règne une circonstance importante vient rapprocher les deux nations. Conrad s'associe à la croisade dont Louis VII a donné le signal, et il nous atteste lui-même que les généreux procédés de Louis et des Français envers les Allemands sur le sol de l'Asie, ont laissé dans son âme les plus profonds souvenirs de reconnaissance (1).

Mais à l'issue même de la croisade, les deux peuples se trouvent tout à coup à la veille d'une rupture éclatante, et comme nous l'avons dit un peu plus haut, c'est une petite principauté normande de l'Italie qui prépare dans le midi de l'Europe une conflagration générale. Recherchons les causes et le caractère d'un si grave événement.

On sait que pendant le cours du onzième siècle, il s'était élevé au sud de l'Italie un état normand qui devait son origine uniquement à la conquête. Dans le siècle suivant, et à l'époque même où Lothaire II occupait le trône impérial, un prince non moins ambitieux qu'habile, Roger II, entreprit d'ériger en souveraineté régulière ce que la guerre avait livré à d'heureux aventuriers. Peu content du simple titre de comte, il se déclara de lui-même roi des Deux-Siciles, en

(1) Ipse si quidem (Ludovicus VII), et omnes principes sui fideliter ac devote obsequium suum nobis obtulerunt, pecunias insuper suas et quæcumque habebant, voluntati nostræ exponebant. (Epist. Conradi imp. ad Wibaldum. D. Martene, ampliss. collect., t. II, col. 299.)

dépit des empereurs de Constantinople et de Germanie (1).

Ce ne fut pas tout encore. Possesseur d'une puissante marine, disposant de grandes richesses, entouré de guerriers hardis et entreprenants, Roger déclara une guerre active et opiniâtre à l'empire de Constantinople, qu'il voulait déposséder de ses îles ainsi que du littoral de la Grèce qui regardait l'Italie.

De son côté l'empire germanique se considéra comme dépouillé lui-même par cette puissance normande, établie dans un pays qu'il revendiquait en vertu d'anciens traités.

Isolé aux extrémités de la péninsule italienne, placé vis-à-vis des deux empires dans une situation des plus hostiles, Roger avait grand besoin, sans doute, de quelques appuis extérieurs, pour le succès de sa cause. Il était déjà parvenu à se faire donner par le pape Innocent II l'investiture du royaume des Deux-Siciles, et c'était là surtout ce qui devait donner du crédit à sa puissance (2). Mais il sentait de plus qu'il lui fallait encore en Europe, l'alliance de quelque nation d'un rang élevé.

L'intérêt politique et aussi, nous le croyons, une sympathie sincère et naturelle firent rechercher au prince normand l'amitié de la France. A l'époque de la seconde croisade personne ne répondit à l'appel de

---

(1) Eodem anno (1130), Anacletus venit Beneventum.... et cum prædicto Duce Rogerio stabilivit ut eum Regem coronaret Siciliæ. (Muratori, t. V, rer. Italie, p. 106.)

(2) Regi vero Rogerio Siciliæ regnum per Vexillum donavit. (Innocentius II.) (*Ibid.*)

Louis VII avec plus d'empressement ni avec plus de générosité que le roi des Deux-Siciles. Il témoigna en même temps la plus vive amitié à Louis et à l'abbé Suger. Depuis cette époque surtout nous le voyons cultiver avec soin cette affectueuse liaison d'où lui semblaient dépendre pour une part l'affermissement de sa puissance et l'heureux succès de ses nouvelles entreprises (1).

Par une circonstance préparée comme à dessein, Roger trouve encore l'occasion de rendre à Louis VII, à son retour de la Terre-Sainte, le plus important service. Tout le monde sait comment il arrache ce monarque des mains des Grecs qui l'avaient fait prisonnier en mer, comment il le ramène sain et sauf en Sicile et lui rend pendant trois semaines tous les honneurs possibles. Roger en politique habile saisit cette occasion de resserrer son alliance avec Louis : il se fait couronner par lui comme roi des Deux-Siciles (2), et obtient la promesse de ses secours dans la guerre nouvelle qu'il médite contre la Grèce.

Cette nation s'était, en effet, compromise, et tout concourait à la rendre l'objet de l'animadversion générale. Nous avons encore une lettre de Pierre le Vénérable au roi des Deux-Siciles, et dans laquelle l'abbé de Cluny déclare que Roger lui paraît le seul homme capable de venger sur l'empire grec les malheurs de la dernière croisade. Suivant la

(1) Rogamus quidem ut... de vestræ dilectionis statu sæpius nobis per commeantes significare non pigritemini... (Epist. Roger. reg. ad Sug., Duchesne, Hist. fr., t. IV, p. 538.)

(2) ..... Tunc Ludovicus coronat Rogerium nepotem Roberti Guiscardi. (Ex chronico Gaufredi Vosiensis. D. Bouquet, t. XII, p. 436).

pensée de Pierre, l'extension de la puissance normande en Grèce aura pour but d'anéantir la criminelle et désastreuse influence d'une nation perfide, et de donner au royaume de Jérusalem un appui d'autant plus assuré, que l'autorité du prince sicilien sera solidement établie sur les routes mêmes de la terre-sainte (1).

Mais pendant que Roger s'occupe de ses projets hardis contre la Grèce, pendant qu'il poursuit contre elle ses attaques de chaque jour, l'empereur Manuel profite du retour de son beau-frère Conrad en Occident pour s'assurer de l'amitié et des secours de ce puissant monarque. L'impératrice Irène, belle-sœur de Conrad, travaille avec succès au rapprochement désiré : les deux monarques se donnent à Constantinople les gages les plus solennels de dévouement, et l'empereur d'Allemagne signe avec Manuel un pacte d'inviolable solidarité (2).

Au milieu de ces agitations étranges, le Saint-Siége s'était lui-même vivement ému, car il savait que l'empereur de Constantinople était parvenu à réveiller dans l'esprit de Conrad III les préventions

(1) Neminem vero sub cœlo Principem christianum video per quem tam bene, tam congrue, tam efficaciter, sicut per vos opus hoc.... posset impleri.....

...... Juxta quod ex præteritis operibus vestris et ex verbis multorum conjicio ad tantum bonum istud perficiendum, aliis principibus et animo sagacior et opibus ditior, et virtute exercitatior et ipso insuper loco propinquior estis. (Epist. Petri ven. cluniac. abb. ad Sug., lib. VI, ep. 16.)

(2) Ita igitur in animum nostrum induximus, ita in corde nostro firmavimus... ut parati et intenti essemus sua omnia (imperatoris Græcorum) tanquam nostra diligere, suis inimicis tanquam nostris resistere. (D. Martene ampliss. collect., t. II, col. 376.)

héréditaires de la maison de Souabe contre l'autorité pontificale. Les Grecs entretenaient à Rome, dans le sein même de la magistrature municipale, un parti puissant, et l'on ne craignait pas de rappeler hautement en plein conseil le nom de Justinien, de montrer comment la ville de Rome, sous cet empereur, avait reconnu l'autorité directe de Constantinople (1). Aussi le pape Eugène III croyait-il, avec quelque raison, découvrir dans la récente alliance de Manuel et de Conrad, non-seulement l'intention de garantir leur sûreté mutuelle, mais encore de secrets complots contre Rome et contre l'autorité du Saint-Siége. Eugène III eût-il hésité à réclamer contre ses ennemis les secours du roi de France et du roi des Deux-Siciles, c'est ce qui ne semble guère probable. Une attente pleine d'anxiété tenait ainsi tous les esprits en suspens, on pressentait des luttes terribles et chacun semblait s'y préparer.

Telle était donc, vers le commencement de l'année 1150, la situation critique d'une grande partie de l'Europe. Nous avons cru devoir l'exposer avec précision, non-seulement parce qu'elle nous donne lieu d'apprécier un acte important de la politique de Suger, mais aussi parce qu'elle nous semble offrir un point, en partie, nouveau dans l'histoire générale.

La conflagration qui menaçait en ce moment la France, l'Allemagne, la Grèce et l'Italie, avait-elle un caractère réellement grave, eut-elle même un commencement déjà sérieux, et fallut-il pour l'arrêter

---

(1) *Ibid.*

beaucoup d'habileté et de courage? c'est ce que nous allons essayer de démontrer par des preuves irrécusables.

Roger II, qui a combiné ses plans avec autant d'ensemble que de hardiesse, commence la lutte tout à la fois en Grèce et en Germanie (1). Il soulève contre l'empire la puissante maison de Bavière, et peut-être serait-il permis de voir déjà dans l'insurrection du duc Welf, comme le premier acte de cette opposition des Guelfes et des Gibelins, qui doit bientôt partager l'Allemagne et l'Italie.

Mais au moment où Conrad va répondre aux attaques de son audacieux adversaire, il apprend avec la plus vive inquiétude que Roger redouble d'efforts pour armer la France contre l'Allemagne et la Grèce. Il était vrai, en effet, que le prince normand sollicitait de nouveau l'appui de Louis VII : il écrivait à Suger des lettres où l'instance prenait le caractère de la supplication, et il y ajoutait de riches présents (2). Il offrait au roi de France de lui ouvrir les trésors des Deux-Siciles, et il paraîtrait même qu'un moment le prince français se serait rendu à ses vœux.

Il est fort curieux de voir comment l'empereur d'Allemagne informe la cour de Constantinople des bruits menaçants qui viennent de la France. Nous rapporterons ici un fragment de la lettre qu'il adresse à l'impératrice Irène, sa belle-sœur, qui remplissait

(1) Epist. Conradi ad Irenem, imp. D. Martene ampliss. collect., t. II, col. 376.)

(2) Huic (Sugerio)... rex Siciliæ Rogerius litteras misit supplices et deprecatorias, ac munera destinavit. (Vit. Sug. a Willelmo, p. 105.)

toujours le rôle de médiatrice entre les deux cours. « Au moment, dit Conrad, où nous nous préparions à combattre contre la téméraire audace de notre ennemi commun, le tyran des Deux-Siciles, nous avons reçu la nouvelle que tout le peuple français, avec son roi, conspirait contre l'empire de notre très-excellent frère, votre très-glorieux époux. On dit que ce peuple, par les conseils et à l'instigation du tyran des Deux-Siciles, se dispose à prendre les armes et à déployer contre nous toute sa puissance. Il nous a paru que c'était là une chose que l'on ne pouvait pas facilement mépriser ni mettre hors de compte (1). Nous avons donc résolu d'attendre la suite et de réprimer cette tentative, ou de nous mettre en péril, nous et notre empire, pour le triomphe de notre frère et pour le salut de tout ce qui lui appartient (2). »

L'Allemagne possédait heureusement alors un homme que l'on pouvait comparer avec raison à Suger. Cet homme, qui portait le nom de Wibaud, était simple abbé de Corwey, dans la Saxe. Confident intime des empereurs Lothaire et Conrad, il avait eu l'occasion de faire admirer, tout récemment encore, sa profonde habileté par la manière dont il avait gouverné l'empire pendant la seconde croisade. L'amour de la conciliation entre les princes et de la tranquillité

(1) Quam rem non facile spernendam, vel omittendam ratum duximus. (Epist. Conradi ad Irenen, imp.)

(2) Le ton général de cette lettre nous paraît exempt de tout sentiment de haine contre la France, que Conrad se plaisait peut-être à regarder comme une puissance amie. Le prince allemand se montre moins irrité que douloureusement surpris, et l'on peut remarquer qu'il n'attribue l'attitude hostile du peuple français envers lui qu'aux suggestions du roi des Deux-Siciles.

entre les peuples était encore un des traits qui le faisaient le plus ressembler à Suger (1).

Il est hors de doute qu'une correspondance s'établit, dans ce moment décisif, entre les deux abbés qui semblaient tenir, pour une part, dans leurs mains, les destinées de presque tout le midi de l'Europe. Si l'on hésite, toutefois, à nous accorder la légitimité complète de cette conjecture, nous dirons que l'absence de documents écrits ne serait point une preuve décisive contre l'idée d'une action commune concertée entre Wibaud et Suger. Nous ferons remarquer, en effet, que dans les circonstances de cette nature, Wibaud, Suger et saint Bernard lui-même se faisaient une loi rigoureuse de ne confier qu'à une correspondance secrète leurs sentiments et leurs pensées. Une chose qui est du moins certaine, c'est que Wibaud et Suger travaillèrent chacun de leur côté pour assurer la tranquillité de Rome et rétablir la paix entre les quatre puissances.

Pendant trois mois qu'il passe tout exprès aux côtés de Conrad, dans la cour de Wirtzbourg, l'abbé de Corwey parvient à détruire dans l'esprit de ce prince les mauvaises dispositions que lui avaient inspirées les Grecs à l'égard du Saint-Siége, et il ne craint pas d'imposer sévèrement silence à tous ceux qui prétendent faire entendre au monarque un langage opposé (2).

---

(1) Epist. Wibaldi Corbeiensis abb. passim. apud D. Martene ampliss. collect., t. II.

(2) ... Homini (imperatori Germ.) non fœdere contracto sed inobedientia et fastu Græcorum aliquantulum corrupto, longa cohabitatione et assidua

Mais quel est, d'autre part, le rôle de Suger ? Ce rôle devra certainement paraître celui d'un homme aussi ferme que prudent. Le ministre a jugé qu'il vaut mieux oublier les perfidies imputées aux Grecs que de précipiter la France avec trois autres nations dans une lutte dont il n'est guère possible de prévoir le terme. Il conseille hautement la paix; il résiste inflexiblement à toutes les prières, à toutes les promesses du roi des Deux-Siciles, et parvient à faire entrer Louis VII dans les mêmes sentiments (1).

Conrad et Manuel reçoivent donc la promesse que les empires de Germanie et de Constantinople seront respectés de la France, et Roger II, suivant les avis de Suger, consent lui-même à faire la paix. Nous possédons en effet une lettre de Conrad dans laquelle ce prince ordonne à l'abbé Wibaud de se rendre en Italie, pour traiter en même temps avec le pape Eugène III et avec le roi des Deux-Siciles (2).

---

collocutione humilitatis et obedientiæ bonum instillavimus, et aliquorum verba... severius interdum repressimus. (Epist. Wibaldi ad Guid. cardinalem. Martene ampliss. collect., t. II, col. 409.)

... Die ac nocte id efficere studiose sategimus ut animum ipsius (imp. Conradi) ad dilectionem et reverentiam vestræ personæ et defensionem sacrosanctæ matris nostræ romanæ ecclesiæ... accenderemus. (*Ejusd.* ad Eug. papam, *ibid.*, p. 412).

(1) Contra quem (imperat. Græcorum) si regem nostrum sibi sociare potuisset (Rogerius, omnem illi thesaurorum copiam effudisset. (Odo de Diologo, lib. IV.)

(2) Negotia quæ nobis cum D. Papa conveniunt per alias personas, nisi per tuam et cancellarii nostri discretionem tractari possunt. Præterea in processu legationis hinc ex parte fratris nostri imperatoris Constantinopolitani, inde etiam ex parte Rogerii negotia se offerunt, in quibus tractandis aliquas personas præter vos admittere nec volumus, nec possumus. (Epist. Conradi, imp. ad Wibaldum. Martene ampliss. collect , t. II, p. 443.)

Ainsi l'abbé de Corwey et l'abbé de Saint-Denis contribuent pour une grande part à préserver l'Europe d'une lutte désastreuse, et le ministre de France, en particulier, détourne de sa patrie une guerre inutile et qui pouvait attirer sur elle de sérieux malheurs.

Nous venons d'envisager d'une manière générale l'influence politique de Suger à la cour de France; il nous reste maintenant à examiner le caractère de ses idées et de sa conduite dans deux circonstances particulières, où il nous a semblé que l'on pouvait apprécier son rôle sous un nouveau jour. On sait déjà que nous voulons parler de la seconde croisade, et du projet de divorce formé par Louis VII après son retour de la terre sainte.

Pour se faire une idée exacte des sentiments de Suger à l'occasion de la seconde croisade, il n'est nullement nécessaire d'entrer dans les détails de cet événement. Nous dirons seulement que lorsqu'en l'année 1146, les nouvelles malheureuses venues de la terre sainte déterminèrent Louis VII à porter ses armes en Orient, les difficultés et les périls que présentait une entreprise de cette nature ne pouvaient échapper à la profonde sagacité de Suger. Mais, d'après un passage du moine Guillaume, son secrétaire, on s'est hâté de conclure d'une manière trop générale, peut-être, que l'abbé de Saint-Denis voulut détourner les Français d'une expédition qui lui inspirait les craintes les plus vives. Ce conseil, justifié par les événements, est un de ceux qui ont paru quelquefois relever le mieux dans Suger la sagesse du ministre et de l'homme d'État. Nous n'entreprendrons point d'attaquer d'une manière trop absolue ni trop hardie une opinion accréditée, et qui renferme d'ailleurs, à certains égards, une incontestable vérité. Nous examinerons seulement si cette opinion ne pourrait pas être modifiée en quelque chose, dans l'intérêt de la vérité d'abord, et ensuite de la gloire même de Suger.

Les malheurs des chrétiens d'Orient sont affreux : l'Occident tout entier s'en est ému, et le secours de la France a été réclamé le premier. La France, nation en tout temps généreuse, répond par un admirable élan. Il ne s'agit de rien moins, en effet, que d'arrêter les progrès d'un ennemi victorieux et sanguinaire, de conjurer la ruine imminente de l'empire chrétien d'Orient. Ne serait-ce donc pas avec regret qu'il nous faudrait alors trouver tout à coup dans Suger, à la place du prêtre et du Français généreux, un homme à qui la crainte des difficultés ou des périls même inspire une inflexible dureté, et qui ferme impitoyablement son âme aux cris de tout un peuple en péril? De quelque nom que l'on décore cette politique cruelle et peu française, qu'on l'appelle sagesse, prévoyance, sacrifice nécessaire à l'intérêt de l'État, nous ne saurions l'approuver sans faire à nos sentiments une secrète violence; et il devrait nous en coûter, avouons-le, d'entendre Suger dire en ce moment au roi et à la France : « Nous ne pouvons pas secourir nos frères d'Orient. »

Cette considération, quelle qu'en soit la force morale, ne serait peut-être pas, il est vrai, une raison tout à fait suffisante de douter de l'opposition de Suger à la croisade, si les textes contemporains nous l'affirmaient d'une manière précise et absolue. Mais nous croyons trouver aussi, dans les textes mêmes, quelques motifs sérieux de donner à la conduite de Suger une signification un peu différente de celle qui lui est quelquefois attribuée.

Nous citerons d'abord le texte même du passage où il est parlé de l'opposition faite par Suger à l'occasion de la croisade. « *Verùm nemo æstimet ipsius (Sugerii) voluntate vel consilio regem iter peregrinationis aggressum. Porro providus hic et præscius futurorum nec illud principi suggessit, nec auditum approbavit. Quin potius, cum inter ipsa statim initia obviare frustra conatus, regium cohibere non posset impetum, tempori cedendum adjudicavit, ne vel regiæ devotioni videretur inferre injuriam, vel futurorum offensam inutiliter incurrere* (1).

Nous ne dissimulerons pas tout ce qu'il y a dans ce texte de fort et de concluant ; mais remarquons bien aussi que, suivant ce texte même, les conseils de Suger paraissent avoir pour objet d'empêcher le départ du roi, *peregrinationis iter*, et sa participation personnelle à l'expédition qui se prépare. Lorsque le ministre croit ensuite devoir céder à l'irrésistible entraînement de Louis, c'est encore pour ne point sembler mettre obstacle à la dévotion personnelle du prince, *regiæ devotioni*. Suger pressent l'avenir, *providus hic et præscius futurorum ;* il prévoit les périls inévitables auxquels peut se trouver exposé le monarque : il redoute non-seulement les chances terribles qui peuvent l'enlever à ses États, mais encore les cala-

(1) Vit. Sug. abb. a Willelmo, lib. III, p. 108.

mités et les dangers que son absence ne peut manquer d'attirer sur le royaume. C'est pourquoi le ministre déclare dans une de ses lettres que, si le roi devait être victime de quelque malheur, il voudrait mourir lui-même avant lui ou avec lui (1). Aux yeux de l'abbé Suger, la croisade ne réclame pas nécessairement la présence du roi; mais ce n'est point contre le projet même de secourir les chrétiens d'Orient que s'élève la vive et forte opposition dont il nous est parlé. Retenir Louis VII en France, telle est la pensée dominante de Suger, tel est le but de ses efforts.

S'il est vrai que la pensée d'un homme ne saurait être mieux expliquée que par cet homme lui-même, nous citerons un passage de Suger, qui nous semble ajouter un nouveau poids à l'interprétation que nous donnons du texte de Guillaume. Dans une lettre que le régent adresse à Louis VII, pour le rappeler d'Orient, où il s'était laissé retenir, même après la fin de la croisade, nous lisons ces mots qui exprimaient d'une manière assez vive l'impression produite par le départ du monarque : « Quæ etenim adeo dura mens..... non moveatur absentia *quæ cùm in dolore cœperit*, in timore perdurat? ..... Redeat igitur ad cor ingenitæ bonitatis consueta propitiatio, ut *quos exeundo terrore nimio contrivit, redeundo saltem*..... sufficienti solatio ressuscitet (2). »

(1) ... Aut ante vos aut vobiscum deficere desideramus. Si enim superessemus... nulla alia est comparatio, quam si de cœlo in abyssum corrueremus. (Epist. Sug. ad Ludov. VII. Duchesne, Script. fr., t. IV, p. 511.)

(2) *Ibid.*

Suger, comme on voit, nous remet sous les yeux les motifs de crainte qu'il avait eus avant la croisade et qui lui avaient inspiré alors des conseils analogues à ceux qu'il fait de nouveau entendre. Ces craintes, il les éprouve toujours, et elles ne peuvent cesser qu'avec le retour du monarque.

Mais il se présente encore ici un fait bien significatif, et qu'il serait difficile d'expliquer, si l'on admettait comme générale et absolue l'opposition de Suger à la croisade. Vers le commencement de l'année 1150, et peu de mois seulement après le retour de Louis VII, Suger appelle lui-même les Français à une nouvelle expédition pour la défense des chrétiens de la terre sainte. Il faut lire le moine Guillaume pour se faire une idée de l'ardeur que montre Suger dans les préparatifs de cette croisade nouvelle que la mort seule l'empêche d'accomplir (1). Cette fois encore, Suger ne veut point que le roi quitte la France, et il se charge de conduire lui-même l'expédition (2). Mais comment alors l'abbé de Saint-Denis aurait-il pu consentir, en 1146, à laisser périr le royaume chrétien d'Orient qu'il s'efforçait de sauver en 1150, au prix des plus grands efforts? Comment comprendre qu'en 1150 il ait invité la France à une entreprise qu'il aurait hautement réprouvée en 1146, et surtout après que les malheurs qu'il aurait prédits se seraient si tristement réalisés?

---

(1) Iniit cum pietate consilium qualiter periclitantibus opem ferret...

(2) ... Et regi quidem Francorum parcendum judicans, vel reversæ nuper militiæ, etc. (Vit. Sug., p. 110.)

... Per seipsum profecturus et propositum aggressurus. (*Ibid.*)

Quoique les raisons que nous venons d'exposer nous semblent avoir la principale force, nous ajouterons que le dévouement de Suger aux intérêts de la terre sainte se montre encore dans cette vive sollicitude qui l'anime pour les chevaliers du Temple, et dont le cartulaire de Saint-Denis nous a offert la preuve authentique. N'est-ce point par un effet du même sentiment aussi, que dans ce magnifique ensemble de vitraux coloriés dont il orne, en 1140 (1), l'église Saint-Denis, Suger fait représenter, entre autres sujets, l'histoire de la première croisade?

Mais devrons-nous croire toutefois que Suger se soit porté vers la croisade de 1146 avec cette ardeur précipitée qui entraînait ses contemporains? Non, sans doute. Suger éprouva des craintes, et son hésitation, dans cette circonstance, n'a rien qui doive nous surprendre. Il commençait en toutes choses par examiner les difficultés, mais les difficultés étaient toujours pour lui un sujet d'étude, et il ne les calculait avec tant d'attention que pour chercher à les résoudre. Suger ne voulut donc pas, peut-être, s'opposer à une entreprise que réclamaient les intérêts de la religion et de l'humanité; mais il désirait, selon toute apparence, prévenir autant que possible les dangers qu'elle pouvait entraîner après elle. Cette opinion semble plus conforme à la fois aux textes contemporains et au véritable caractère de l'abbé Suger.

---

(1) B. Montfaucon. Monuments de la monarchie française, t. I, p. 384 et suiv.

En déposant la régence dont il a été chargé pendant le temps de la croisade, Suger demeure toujours le ministre de la cour , ministre plus cher et plus respecté que jamais. C'est alors que Louis VII confie à ce sage ami la résolution qu'il a prise de se séparer d'Éléonore par un divorce. On a remarqué, avec beaucoup de raison sans doute, que Suger calcula les conséquences politiques d'un semblable événement; mais, en même temps, on a peu parlé des considérations morales qui dirigèrent aussi les conseils de l'abbé de Saint-Denis. Suger est, à la vérité, un homme d'État; mais les pertes matérielles ne sont point à ses yeux les seules qu'un prince et un royaume puissent avoir à craindre. L'idée qu'il s'était toujours faite de la monarchie, la manière dont il a écrit l'histoire, nous montrent assez combien il devait redouter les moindres taches qui pouvaient obscurcir le nom de ses maîtres dans l'esprit des contemporains et dans les souvenirs de la postérité.

L'intérêt de l'honneur n'était donc pas pour Suger d'un moindre prix que l'intérêt politique, et ce ne serait pas juger ce ministre d'un point de vue assez élevé ni assez vrai, que de prêter à ses avis, dans cette grave circonstance, le seul motif de conserver les belles provinces de Guienne et de Poitou, acquises à la France par le mariage de Louis VII avec Éléonore. Nous ne croyons pas faire ici une simple supposition, honorable pour l'abbé de Saint-Denis. Nous trouvons dans la lettre qu'il écrit au roi, quelque temps avant son retour de la terre sainte, la preuve certaine que le ministre désirait surtout prévenir un scandale dont l'effet devait retomber tristement sur la monarchie. Suger supplie le roi, qui lui avait déjà fait quelques confidences, de ne rien laisser apercevoir de ses mécontentements à l'égard de la reine: « Audemus vobis laudare, si tamen placet, quatenus rancorem animi vestri, *si est*, operiatis, donec, Deo volente, ad proprium reversus regnum super his et super aliis provideatis (1). »

Mais une chose qui n'a pas été assez remarquée peut-être, et qui mérite cependant une certaine attention, c'est que l'abbé Suger paraît ne pas croire entièrement à la réalité des griefs de Louis VII contre son épouse. Le caractère ombrageux du monarque permettait bien, en effet, de douter un peu de la complète justice des plaintes qu'il faisait entendre.

Nous n'entreprendrons point ici l'apologie d'Éléonore; nous ferons remarquer seulement dans la lettre citée plus haut, un passage qui nous semble avoir une certaine signification. Suger répondant avec une brièveté discrète aux confidences de Louis, se sert d'une expression dubitative. « Je crois, dit-il, qu'il sera bien de cacher votre mécontentement contre la reine, si toutefois elle vous en donne réellement, et d'attendre jusqu'à votre retour pour prendre une résolution à cet égard. »

La recommandation qui termine cette phrase indique clairement aussi que le ministre redoutait, de la part de Louis VII, quelqu'une de ces résolutions pré-

(1) Duchesne, Rerum franc., t. IV, epist. 57, p. 511.

cipitées auxquelles ses préventions faciles ou ses craintes exagérées l'entraînaient irrésistiblement. D'après ces mêmes paroles encore, il est bien évident que Louis ne fut pas plutôt de retour que Suger écouta très-attentivement ses motifs de plainte, et il est infiniment probable, pour ne pas dire certain, qu'après les avoir scrupuleusement examinés, il ne les jugea pas assez graves ni assez fondés pour justifier la résolution extrême du monarque.

Suger eût-il porté, en effet, l'esprit de conciliation ou le soin des intérêts matériels de la couronne jusqu'au point de demander au roi de leur faire le sacrifice même de son honneur? Mais que Suger, en détournant Louis VII de son projet de divorce, ait eu aussi la pensée d'en prévenir les conséquences politiques, c'est ce que nous nous gardons bien assurément de contester, et nous voyons, en effet, que les craintes du ministre ne furent que trop bien justifiées ensuite par les événements.

CHAPITRE IV.

Quelle est l'influence de Suger comme médiateur entre l'Église et l'État.

En examinant la mission de Suger dans l'Église de France, nous n'avons pas l'intention d'en montrer seulement le côté extérieur, ni de retracer l'ensemble des actes suffisamment connus d'ailleurs qui viennent s'y rattacher : il nous a semblé plus utile d'en étudier le caractère et les résultats. Mais pour nous faire une plus juste idée de cette mission nouvelle que nous nous proposons d'envisager maintenant dans l'abbé de Saint-Denis, il sera indispensable de rappeler très-sommairement d'abord les circonstances diverses dont il doit en premier lieu subir l'influence.

Reportons-nous un instant au caractère que présente l'abbaye de Saint-Denis à l'époque de l'éducation de Suger. Les rapports habituels de cette maison avec la cour et avec les grands du royaume, les intérêts si graves qu'elle a pour ainsi dire à discuter chaque jour, en ont fait un centre actif et perpétuel d'affaires séculières dans l'Ile-de-France.

Mais avec la connaissance des affaires temporelles, Suger prend aussi les habitudes de la vie mondaine et agitée ; il contracte l'amour du luxe et de la magnificence dont il trouve partout autour de lui de si nombreux exemples. Devenu abbé de Saint-Denis, il s'entoure d'un pompeux appareil, et on ne peut guère placer au-dessus de lui, pour l'éclat extérieur, que le sénéchal Étienne de Garlande, avec lequel nous le voyons former d'intimes liaisons (1) ; comme ce ministre il a une petite cour empressée de le servir et de lui rendre toutes sortes d'hommages. Aussi les hommes qui professent des principes un peu sévères ne peuvent-ils s'empêcher de censurer sa manière de

(1) Mentior si non vidi abbatem sexaginta equos et amplius, in suo ducere comitatu. (Bernardus in apolog., cap. XI.)

Solumque ac totum erat quod nos movebat, tuus ille scilicet habitus et apparatus, cum procederes ; quod paulò insolentior appareret. (Epist. Bern. ad Sug. D. Bouquet, t. XV, p. 546.)

vivre, pendant que ses ennemis l'attaquent par le sarcasme et la dérision. Il n'y a rien, à la vérité, dans la conduite privée de Suger, que l'on puisse rigoureusement condamner; mais il présente avec l'archidiacre de Garlande l'image la plus complète de la vie séculière unie à la vie religieuse. Placé à la tête de la première abbaye du royaume, il frappe d'autant plus les regards que son exemple vient de plus haut.

Mais déjà vers la fin du onzième siècle et au commencement du douzième, il s'opère dans la discipline de l'Église un mouvement de réforme dont saint Bernard devient le plus éloquent interprète. Suger entre l'un des premiers dans la réforme prêchée par l'illustre abbé de Clairvaux ; on peut rapporter à l'année 1126 ou 1127 (1) ce changement subit et prodigieux qu'il introduit dans sa manière de vivre et dans le gouvernement de son abbaye.

Mais alors se présente pour Suger une situation nouvelle, situation beaucoup plus difficile que l'on ne serait porté d'abord à le croire. S'il ne veut point démentir et abjurer en quelque sorte ses nouveaux principes de vie religieuse, il doit forcément renoncer à la cour, à moins qu'il ne s'opère aussi dans les idées de la cour un changement qui ne paraît point probable. Telle est donc l'alternative dans laquelle se trouve placé l'abbé de Saint-Denis : de cette alternative semble dépendre sa destinée à venir.

Louis VI ne devait point se faire d'abord une

(1) Nous suivons ici l'opinion du savant Mabillon.

idée juste de la réforme dont les résultats commençaient à se manifester autour même de son trône. Le mélange du caractère séculier avec le caractère ecclésiastique ne lui paraissait que tout naturel chez des hommes dont il était habitué à réclamer les services pour les affaires de l'État comme pour celles de l'Église. Bien souvent même le monarque recourait au clergé pour en obtenir de l'argent aussi bien que les autres secours temporels dont il avait besoin. C'était ainsi, par exemple, qu'au début de son règne les évêques avaient suppléé de leurs propres ressources à la pauvreté de son trésor et qu'ils avaient organisé en milices royales les habitants de leurs diocèses. Mais la vie de retraite que s'imposaient maintenant plusieurs prélats, et à leur tête l'évêque de Paris, Étienne de Senlis, fut regardée par Louis VI comme un véritable abandon de ses intérêts, et on l'entendait sans cesse répéter que ce serait là une cause certaine de destruction pour son royaume. Étienne de Garlande surtout lui présentait cette idée sous un aspect menaçant, et lui signalait l'évêque de Paris comme celui qui donnait le plus dangereux exemple (1).

C'est à présent surtout qu'il faut bien se rendre compte de la situation morale de Suger, placé, pour ainsi dire, entre la royauté et la réforme ecclésiastique. Après avoir rétabli dans son abbaye l'observation exacte de la règle de saint Benoît, Suger ne s'est pas entièrement retiré de la cour : une affection presque aussi ancienne que sa vie l'attache fortement

(1) Gérard Dubois. Historiæ ecclesiæ Parisiensis, t. II, p. 31.

au roi, et il conserve même avec le sénéchal des liaisons d'amitié ; mais d'un autre côté, sa conscience le met dans le parti de l'évêque de Paris, qui est aussi celui de la réforme. Il ne lui reste donc qu'à chercher des moyens de conciliation entre l'évêque et la cour. Mais c'est là une entreprise qui paraît offrir peu de chances de succès.

Le débat élevé entre Louis VI et l'évêque de Paris n'avait pas, en effet, les simples proportions d'une querelle particulière : si l'Église et l'État s'en émurent ensemble, c'est que la grande question du siècle y était véritablement renfermée. L'intérêt spirituel commençait à se dégager alors de l'intérêt temporel où les circonstances l'avaient trop mêlé autrefois ; cette séparation était une nécessité pour l'Église, et saint Bernard, après Grégoire VII, venait d'en donner le signal. Cependant la monarchie renaissante allait-elle tout à coup être abandonnée à elle-même par l'Église ? Telle était l'importance de la question, tel était le nœud d'un grand problème. Il fallait donc dans ce temps un homme qui fût préparé comme à dessein pour maintenir dans sa juste mesure l'alliance de l'Église avec l'État. Ainsi que l'on a pu déjà le pressentir, cet homme devait se rencontrer : mais au premier moment la puissance temporelle voulut retenir de force l'alliance qu'elle sentait se briser, et elle eut recours à la violence pour l'empêcher de se rompre entièrement.

Nous voyons en effet, dans le cours de l'année 1127, une lutte terrible éclater entre Louis VI et l'évêque de Paris. Nous ne nous arrêterons pas aux détails de ce malheureux conflit qui ne dure pas moins de deux années ; nous dirons seulement que le clergé de l'Ile-de-France et saint Bernard avec l'ordre entier de Cîteaux se rangent du côté de l'évêque proscrit ; nous dirons que plusieurs fois l'abbé de Clairvaux et les évêques du royaume viennent déposer aux pieds d'un monarque inflexible leurs plus instantes prières ou leurs plus énergiques remontrances (1). De son côté l'abbé de Saint-Denis déploie avec persévérance les ressources d'un esprit qui semble admirablement préparé pour une semblable conjoncture. Suger a conservé de la vie séculière l'intelligence profonde des intérêts temporels, et il connaît en particulier ceux de la royauté ; sorti de la vie mondaine et entré dans la réforme, il sait également tout ce que réclame la discipline spirituelle. C'est avec ce double avantage qu'il combat les préventions de Louis VI, qu'il rassure ce prince, et ménage dans son esprit un accès à des idées plus vraies et plus pacifiques sur les principes de conduite religieuse dont l'évêque de Paris avait donné l'exemple.

Un grand événement vient hâter le succès des efforts de Suger : c'est l'exil d'Étienne Garlande qui abandonne subitement la cour pour n'y plus revenir. Élevé alors au premier rang dont ce ministre est déchu, Suger rétablit la paix entre le roi et l'évêque de

(1) ... Senonensis diœcesis universi episcopi, una cum venerabili Metropolitano nostro, adscitis etiam nobiscum quibusdam aliis religiosis personis, regem super gravi injuria, per nos ipsos humiliter, ut debuimus, convenimus... Rogavimus nec impetravimus. (Epist. Gaufredi Carnot, episc. ad honorium II, de Stephano Paris, episc. Inter Bernardi, epist. 47.)

Paris (1). Sous l'influence plus libre de l'abbé de Saint-Denis, les idées de Louis VI se sont modifiées déjà sensiblement, et c'est ainsi que l'épée de sénéchal portée par l'archidiacre Étienne de Garlande est replacée dans les mains d'un homme de guerre; mais un fait plus significatif encore ne tarde pas à se produire : le roi, l'évêque de Paris et Suger président ensemble le concile de Saint-Germain-des-Prés, réuni vers le commencement de l'année 1129 pour la réforme générale des monastères du royaume.

Au moment où Suger se voit élevé à la seconde place du royaume, saint Bernard parvient lui-même au plus haut point de son autorité dans l'Église. En aucun temps des plumes éloquentes n'ont manqué à l'abbé de Clairvaux, et elles ont retracé avec autant de vérité que de force son caractère et sa mission. Souvent aussi on a mis saint Bernard en parallèle avec Suger, et l'on a rapproché dans de magnifiques comparaisons ces deux lumières de l'Église et de l'État au douzième siècle. La différence de leur génie et de leur situation a conduit quelquefois aussi à établir entre eux une sorte d'opposition. Mais ce point de vue, si on l'exagérait, deviendrait certainement une erreur. A considérer de près ces deux hommes dont l'un avait su gagner l'autre par son influence, on reconnaît aisément qu'ils furent destinés à mettre en harmonie les deux grands intérêts dont ils étaient les représentants. Saint Bernard n'est rien par les choses du monde, mais il a reçu le don de remuer les cœurs

(1) Gérard Dubois. Hist. eccles. Paris, t. II, p. 31.

et de les rappeler à Dieu. Suger comme saint Bernard appartient à l'Église, mais il touche au monde : prêtre pieux en même temps que politique éclairé, il possède le don particulier de mettre les choses de la religion en accord avec celles de la terre, la cause de l'Église avec celle de l'État.

Mais Suger, qui donne alors cet exemple singulier d'unir l'esprit de la réforme au soin des intérêts temporels, ne considère ceux-ci toutefois que comme un pesant fardeau que lui impose la nécessité; aussi, dans l'Église même, les esprits les plus sévères ne songent point à lui en faire de reproche. Le caractère de ministre en lui ne se distingue point en effet de celui de prêtre austère ; il ne veut paraître à la cour que dépouillé de tout éclat extérieur, et c'est la même pensée encore qui l'empêche de prendre aucun titre séculier; ainsi que nous l'avons déjà remarqué dans uue autre circonstance, cette sorte de mission anonyme doit faire sa plus grande force et sa véritable gloire (1).

Nous avons essayé de montrer, à l'occasion de la réforme disciplinaire de l'Église, le rôle nouveau et important que l'abbé de Saint-Denis est appelé à remplir : nous avons cherché à découvrir les raisons puissantes qui devaient le rendre éminemment propre à

---

(1) Qui cum invitus et coactus consiliis regum interesset et principum, hoc ut, fatebatur, non sine magno gravamine mentis sustinebat, ut pupillis, viduis et quibuscumque pauperibus et injuriam sustinentibus opem ferret, et præcipue ut commissæ sibi ecclesiæ, vel cæteris ecclesiis in regno constitutis apud principem in opportunitate subveniret. (Litteræ encyclicæ de Sug. D. Bouquet, t. XII, p. 12.)

ménager la transition des esprits vers cet état nouveau qui était le but de la réforme; nous avons vu en lui le conciliateur le plus heureux de l'intérêt religieux et de l'intérêt temporel, le lien naturel de l'État et de l'Église.

Cependant sous le règne de Louis le Jeune nous voyons un conflit très-grave s'élever entre le monarque et le pape Innocent II, au sujet des élections canoniques. Nous n'avons point à retracer cette lutte malheureuse que personne n'ignore et qui appartient à l'histoire générale. Nous relèverons seulement, à l'honneur du ministre, une chose qui n'a peut-être pas été suffisamment remarquée, c'est le courage intrépide avec lequel il combat contre les emportements d'un jeune roi dont la colère ne connaît plus aucun frein. L'abbé de Saint-Denis, que l'on a représenté quelquefois comme un ministre prudent jusqu'à la souplesse, ne craint pas en ce moment les chances d'une disgrâce. Quelques mots très-précieux d'une lettre qu'il adressa un peu plus tard à Pierre, archevêque de Bourges, nous apprennent qu'il eut à souffrir cruellement de la part de Louis VII et de la part de tous ceux dont l'influence prévalait alors dans les conseils (1).

Mais après que ce violent orage s'est dissipé, Suger reprend sur l'administration de l'Église de France une autorité que son secrétaire Guillaume nous représente

(1) De dilectione vestra plurimum confidimus pro qua sæpius laboravimus et multa gravia et a domino rege et a multis aliis sustinuimus. (Duchesne, Hist. Fr., t. IV, p. 555.)

comme à peu près absolue, et nous voyons que son crédit n'est pas moins grand à la cour de Rome. La question toujours si grave des élections canoniques ne pouvait manquer d'attirer particulièrement l'attention du ministre, et c'est à l'époque de sa régence surtout que nous le voyons occupé d'établir sur ce point quelques règles fixes et précises. Suivant les principes qu'il pose avec netteté, les chapitres des églises auront la liberté d'élire aux siéges vacants. Le chapitre fera connaître d'avance sur quelle personne il se propose de porter ses suffrages, afin qu'elle obtienne l'assentiment du prince ou de celui qui le représente : cette dernière règle n'est point absolument rigoureuse, mais c'est une précaution que l'abbé Suger conseille et qu'il désire voir s'introduire dans la pratique. L'élection terminée, on la soumettra à la sanction royale; l'élu sera conduit ensuite dans le palais, suivant les formes canoniques; il fera le serment de fidélité au roi et recevra de sa main les droits de régale (1).

Cette sage législation se trouve exposée par Suger lui-même dans plusieurs lettres, et particulièrement dans celles qu'il adresse au chapitre de l'église de Chartres à l'occasion de l'évêque Goslen. Mais en s'étudiant à fixer des principes, Suger ne leur donne pas tout à coup cette rigueur inflexible qui ne ménage rien et qui ne fait la part d'aucune circonstance. Une élection est-elle un peu irrégulière sous le rapport de la prérogative royale, le régent la tolère ou la confirme si l'élu est un homme irréprochable; mais il a

(1) D. Bouquet, t. XV, p. 507. In epist. Sug. passim.

soin de faire reconnaître que c'est une faveur, et par là il tempère et maintient les droits du trône.

Ces règlements sages et précis par lesquels Suger voulait concilier la liberté de l'Église et l'autorité du saint-siége avec les prérogatives de la couronne, devaient-ils prévenir toujours les difficultés graves et les conflits sérieux? Non assurément; mais ils marquent cependant un progrès véritable, et nous devrons les compter parmi les plus grands services que Suger ait rendus à la discipline et au gouvernement de l'Église de France.

Tel était donc le rôle de Suger comme prêtre et comme ministre de la monarchie. Saint Bernard, qui ne pouvait voir sans la plus vive douleur la puissance séculière associée au caractère ecclésiastique, consentait à une seule exception, et c'était en faveur de Suger. « S'il y a, disait l'abbé de Clairvaux dans une lettre au pape Eugène III, s'il y a dans l'Église de France un vase d'honneur, s'il y a dans la cour du prince un serviteur fidèle comme David, c'est à mon avis le vénérable abbé de Saint-Denis. Je connais profondément cet homme, et je sais qu'il est fidèle et prudent dans les choses temporelles, qu'il est fervent et humble dans les choses spirituelles. Mêlé aux unes et aux autres, il demeure, chose bien difficile, exempt de tout reproche (1). »

(1) Novi si quidem virum quod et in temporalibus fidelis et prudens et in spiritualibus fervens et humilis, in utrisque, quod est difficillimum sine reprehensione versetur. (Epist. Bern. ad Eug. III. D. Bouquet, t. XV. p. 597.)

Il serait inutile sans doute de vouloir ajouter quelque chose à un pareil témoignage.

CHAPITRE V.

Quel est le caractère de Suger comme écrivain et en particulier comme historien de la monarchie ?

Si le désir de contribuer à la gloire de Louis VI détermina Suger à écrire la vie de ce monarque, nous croyons néanmoins qu'un sentiment d'émulation nationale, inspiré du dehors, ne fut pas entièrement étranger à la pensée de l'écrivain. Un des plus savants historiens de la Normandie, Robert de Thorigny, religieux de la célèbre abbaye du Bec, venait de composer l'histoire du roi d'Angleterre, Henri Ier, pour lequel il professait la plus haute admiration. Robert avait consacré tout ce qu'il possédait de talent et de science à cette histoire qui devait immortaliser le souvenir du monarque anglais (1). Il avait raconté dans les plus grands détails les exploits de Henri Ier, ainsi

(1) Ce monument a disparu. Mais Robert de Thorigny ou du Mont, dans la préface de son appendice à la chronique de Sigebert, nous avertit qu'il s'est beaucoup servi pour cet ouvrage de l'histoire de la vie de Henri Ier, qu'il avait récemment composée. Le même écrivain nous dit dans sa chronique, sous l'année 1135 : « Fecit etiam Henricus multa alia pietatis opera » quæ *in libro de vita ejus* plenius enumeravimus. » Enfin dans un fragment de son histoire des ducs de Normandie, ajouté, sans nom d'auteur, à la chronique de Guillaume de Jumiéges, Robert nous déclare qu'il a voulu particulièrement illustrer le règne de Henri Ier. « Ad actus *Henrici divæ memoriæ* prolixius explicandos. »

que les actes nombreux de sa pieuse munificence. Lorsque la gloire du prince anglais était célébrée ainsi par une plume éloquente, Suger ne pouvait laisser dans l'ombre la gloire du roi de France son ancien maître, et l'initiative prise par le religieux du Bec semblait commander à l'abbé de Saint-Denis de ne point demeurer en arrière d'un semblable exemple.

Nous lisons en effet, dans le prologue de la vie de Louis le Gros, adressé à l'évêque de Soissons Joslen, une pensée tout analogue à celle de l'écrivain anglais. « Inspiré par le devoir de la reconnaissance et par » celui de l'amitié, élevons au prince un monument » plus durable que l'airain : transmettons par la plume » à la postérité son zèle pour l'honneur de l'Église de » Dieu, et son courage admirable pour le gouverne- » ment du royaume (1). »

Il eût été fort intéressant de pouvoir comparer entre eux les deux ouvrages; mais la biographie anglaise ne s'est malheureusement pas conservée jusqu'à notre temps; nous aurons donc à juger seule et en elle-même l'histoire de la vie de Louis le Gros que l'exemple de l'écrivain normand semblait avoir inspirée.

On a dit bien souvent que la vie de Louis VI écrite par Suger était moins une histoire qu'un panégyrique, mais on n'a pas refusé à ce monument historique l'autorité qu'il emprunte du caractère de son auteur. Nous ne contesterons pas, quant au fond, le pre-

(1) Excidamus ei monumentum ære perennius cum et ejus circa cultum ecclesiarum Dei devotionem et circa regni statum mirabilem, stylo tradiderimus strenuitatem : cujus nec aliqua temporum immutatione deleri valeat memoria. (Ex prologo vitæ Lud. Grossi.)

mier de ces jugements qui se présente, d'ailleurs, tout naturellement à l'esprit du lecteur. Nous dirons que Suger, en écrivant la vie de Louis VI, ne nous paraît pas avoir eu les intentions ni les idées d'un simple et vulgaire panégyriste ; nous croyons voir en lui une plus haute pensée. Mais pour pénétrer plus sûrement dans les vues et dans les sentiments de l'historien, il est nécessaire de se reporter au caractère et à la mission du prince dont il entreprend de perpétuer le souvenir.

A une époque de profonde anarchie sociale et de souffrances de toute espèce, Louis s'est constitué volontairement, dès sa jeunesse, le réparateur et le soutien du droit dans le royaume de France. Pour le succès d'une entreprise qui semble désespérée depuis plus de deux siècles et demi, il ne faut pas moins qu'une abnégation absolue, un courage plus qu'humain, une persévérance peut-être sans exemple. A ce prix est attaché le salut de la société. Mais à l'homme qui aura pu montrer cette abnégation, ce courage et cette persévérance, doit appartenir non-seulement la gloire, mais encore la reconnaissance publique : sur cet homme par conséquent doit se porter la pensée entière de l'historien.

Le tableau d'un règne tel que celui de Louis VI ne pouvait donc offrir le caractère d'une simple narration ; il devait être un exemple pour les princes à venir et un hommage de gratitude pour le prince vivant : dès lors le panégyrique devenait, par la force même des choses, inséparable de l'histoire.

Nous ferons observer maintenant que personne

mieux que l'abbé Suger ne pouvait comprendre, dans ce qu'il avait de plus élevé, le rôle de Louis VI. Sorti de l'une de ces familles obscures qui avaient un si grand besoin de protection, lié dès son enfance avec le prince qui devait se charger de cette protection généreuse, Suger avait eu souvent part aux conseils et aux résolutions héroïques du monarque (1). Pour l'abbé Suger, ce qui est véritablement glorieux dans Louis VI, ce qui doit être proposé à l'admiration des hommes, c'est le dévouement qu'il a déployé, ce sont les actes par lesquels il a fait triompher le droit et la justice. Telle est, à ce qu'il nous semble, la pensée vraie de Suger, et cette pensée doit élever tout d'abord son œuvre bien au-dessus de la simple chronique.

Suger ne se propose point d'écrire l'ensemble des faits historiques de son époque. Tout ce qui ne contribuera pas directement à son but principal sera écarté du livre qu'il consacre la mémoire de son maître (2). C'est pour cette raison, sans doute, que deux ordres de faits bien distincts et corrélatifs, pour ainsi dire, aux deux grands besoins de la société, domineront à peu près exclusivement dans son histoire. Suger retracera le souvenir des jugements solennels que Louis a prononcés en faveur du bon droit; il

(1) Suger, encore simple écolier à Saint-Denis, avait déjà préludé à ce rôle difficile qu'il devait soutenir toute sa vie : « Cum ætate docibili adoles- » centiæ meæ antiquas armarii possessionum revolverem chartas, et immu- » nitatum biblos propter multorum calumniatorum improbitates frequenta- » rem... » (Lib. de reb. in administ. sua gest. Duchesne, Rer. franc., t. IV, p. 333.)

(2) Nil nostra refert nisi si aliquid incidenter nostris convertibile aliquando nos oporteat summatim prælibare (Vit. Lud. Grossi, cap. 1.)

racontera les exploits guerriers par lesquels le même prince a voulu donner à la justice une sanction efficace. La vie privée de Louis VI devra donc disparaître à peu près complétement dans l'ensemble de cette histoire. Ce sera peut-être un défaut; mais il semble que Suger ait craint de faire une part à des détails vulgaires qui n'auraient pas été à la hauteur de son sujet. Cette vie n'était pas d'ailleurs exempte de quelques taches qu'il fallait effacer par l'éclat des grandes actions dont le prince avait illustré le cours de son règne.

S'il est fâcheux que Suger, pour rester scrupuleusement fidèle à son point de vue, ait négligé l'histoire intérieure de la royauté, nous ne regretterons pas moins qu'il n'ait donné, comme il le reconnaît lui-même, qu'une faible attention aux peuples voisins de la France. Suivant ce qu'il nous apprend dans ses lettres, il connaissait parfaitement tout ce qui avait rapport à l'histoire contemporaine de la Normandie et de l'Angleterre (1). Cependant il ne raconte que d'une manière assez sommaire la longue lutte des Français et des Normands. Cette lutte avait été presque toujours douteuse, elle avait tourné quelquefois au désavantage des Français, et l'écrivain n'y trouvait

(1) Il est certain même qu'il connut une foule de secrets très-importants sur les affaires de l'Angleterre et de la Normandie, et il tenait ces secrets de la bouche même de Henri Ier : « Quod multos suorum celaret (Henricus) » Sæpius mihi aperiebat. » (Epist. ad Gaufred. comit. andeg. apud script. Rer. gallic., t. XV, p. 521.) Mais d'une part la discrétion de Suger, et d'autre part le point de vue un peu trop restreint auquel il s'est assujetti en écrivant la vie de Louis VI, ne nous ont point permis de connaître des faits qui seraient aujourd'hui si intéressants pour l'histoire : « Francorum non Anglorum gesta quædam scripto memoriæ tradere proposuimus. » (Vit. Ludov. Grossi, cap. 1.)

pas un assez riche sujet pour relever la gloire de son héros. C'est pour ce motif, sans doute, que Suger dit à peine quelques mots du combat de Brenneville livré en 1119 : il ne le mentionne même que pour excuser la défaite de Louis VI. Une seule fois Suger semble déroger à l'extrême réserve qu'il s'impose dans cette partie de son histoire. Il nous expose les commencements de la lutte élevée entre la France et l'Angleterre, avec une abondance de détails que l'on ne retrouve plus dans la suite de sa narration. Quelle peut être la cause de cette différence? Pourquoi l'historien nous rapporte-t-il dans ses moindres détails le colloque du pont de Néaufle? pourquoi nous reproduit-il si exactement tous les discours, toutes les réponses échangées sur les bords de l'Epte, entre les Français et les Normands? Nous croyons entrevoir la raison de cette étrange prolixité. Henri Ier avait fait lui-même le récit de cet événement dans une lettre circulaire où il mettait de son côté la modération et la justice, du côté de son rival les prétentions injustes et une orgueilleuse obstination (1). Suger ne pouvait laisser subsister cette tache sur la mémoire de Louis, et en lisant le récit qu'il fait à son tour du célèbre colloque, il est impossible de n'y pas reconnaître le caractère d'une réponse aux assertions de Henri, ou plutôt d'une véritable réfutation (2).

(1) Epist. ad Anselm. Vide supra ad pag. 62.

(2) Normanni regi (Franciæ) assistunt, quidquid causam lædere poterat inverecunde diffitentes, judiciario ordine querelam agitare postulantes : cum nihil aliud præcipue attenderent, quam quod infecto paratæ actionis negotio, quacumque dilatione, tantorum regni optimatum discretioni rei veritas non pateres (Vit. Lud. Grossi, cap. 15.)

Parmi les événements les plus graves qui marquèrent le règne de Louis VI, nous devons compter assurément l'élévation du jeune Guillaume de Normandie à la dignité de comte de Flandre, et l'expédition entreprise par le roi Louis VI, son beau-frère, pour le soutenir contre le parti de Thierri d'Alsace, son rival. Suger prit lui-même une part active et importante dans ces deux événements. Cependant il consacre à peine une ligne pour nous faire connaître le premier, et il passe complétement le second sous silence. C'est que les armes de Louis VI, en Flandre, n'avaient eu aucun succès, et que le jeune comte, abandonné à lui-même, avait perdu la couronne avec la vie (1).

Mais la discrétion de Suger devient absolue lorsqu'il s'agit d'affaires où le roi s'est attiré quelque blâme mérité. Il ne dit qu'un seul mot de la révolte des bourgeois de Laon, dont Louis VI avait si imprudemment aboli la commune, et encore prend-il soin de disculper indirectement son maître (2). Il ensevelit dans un silence complet le long et opiniâtre démêlé de Louis et de l'évêque de Paris Étienne : les lettres de Saint-Bernard, celles d'Étienne lui-même et de quelques-autres évêques sont les seuls documents qui nous aient transmis la connaissance de cette malheureuse affaire (3).

---

(1) Vita Caroli Boni. Fland. Comit. a Galberto.

(2) Cum ad aliud castrum tetendisset, nomine Novigentum, adest qui ei referat : Noverit serenitas tua, mi rex, in hoc scelerato castro *sceleratissimos illos* demorari qui occasione *jussu vestro amissæ communiæ*...., civitatem Laudunensem succenderunt, etc....

(3) Epist. Bernard., 45, 46. — Gaufredi, Carnot episc. ad Steph. Spicil. Dachers, t. III, p. 492.

La vie de Louis VI n'est donc pas une histoire complète, c'est plutôt un éloge historique. On reconnaît dans l'écrivain un narrateur véridique, mais un juge discret et un ami plein de ménagements. Suger cherche les moyens de louer sans mentir : il n'invente rien à la gloire de son héros, mais il écarte ou laisse dans l'ombre tout ce qui pourrait faire quelque tache sur sa mémoire, et il considère comme un devoir rigoureux de n'affaiblir en rien le respect que commande une vie presque toujours glorieuse et qui s'est associée à une couronne.

Nous dirons maintenant que si les faits racontés par Suger sont nombreux, exacts, retracés avec force, souvent même avec enthousiasme, cependant ils ne présentent ni l'ordre ni l'enchaînement harmonieux d'une œuvre classique. L'art de la disposition ne semble pas même soupçonné dans ce travail, aucun rapport n'est ménagé entre les diverses parties, et le lecteur est sans cesse obligé de passer d'un fait à un autre fait, sans que l'auteur lui prépare jamais une transition. La vie de Louis le Gros est donc moins une composition historique, dans le sens propre du mot, qu'un ensemble d'histoires détachées. Suger a réuni dans un livre une partie des récits qui intéressaient si fort ces longues et instructives soirées dont nous parle le secrétaire Guillaume (1). Aussi la narration elle-même se ressent-elle beaucoup de l'abandon et

(1) Narrabat vero, ut erat jucundissimus, nunc sua, nunc aliorum quæ vel vidisset, vel didicisset, gesta virorum fortium, aliquotiens usque ad medium noctis. (Vit. Sug. a Guillelmo script., l. II.)

de la négligence des récits familiers. L'ordre chronologique n'y est pas établi non plus d'une manière rigoureuse, et peut-être en se séparant de la chronique vulgaire, Suger a-t-il trop dédaigné le principal avantage qu'elle nous présente.

Nous avons dit plus haut que Suger s'attache principalement à nous retracer les actes de dévouement et de courage du roi Louis VI, et nous avons cherché les causes d'un choix qui peut paraître un peu trop exclusif, surtout si l'on fait attention au titre que l'auteur donne à son livre. Mais il ne faut pas croire pourtant que Suger n'ait raconté dans la vie de Louis le Gros qu'une suite monotone de siéges et de combats semblables les uns aux autres, et n'offrant presque d'autres différences que celles des noms propres. Si l'on y prend un peu garde, on reconnaîtra aisément dans chacun des récits de Suger une physionomie distincte ; chaque situation présentera un caractère propre et nous montrera presque toujours le roi Louis sous quelque aspect nouveau. Si vous lisez, par exemple, le récit de la lutte de Louis contre Bouchard, sire de Montmorency, ou bien les détails de la guerre du Puiset, vous aimerez certainement à voir le monarque observer avec un religieux scrupule toutes les formes de cette légalité dont il entreprend de rétablir le règne, non-seulement par les armes, mais encore par ses exemples. Vous n'éprouverez pas moins d'admiration lorsque, après avoir rempli à son tribunal le rôle d'un juge calme et patient, le prince se revêtira ensuite de la cotte de mailles et ira *courber un rebelle* sous le joug de la loi.

Si du Puiset et des plaines de la Beauce, Suger vous transporte à la suite de Louis dans les montagnes de l'Auvergne, un spectacle plus grandiose encore se déploiera sous vos yeux ; vous croirez voir se renouveler à quatre siècles de distance l'une de ces scènes qui marquèrent la célèbre lutte de Pépin et de Waïfre, et vous reconnaîtrez sans peine que la variété ne manque pas plus que l'intérêt aux tableaux de notre historien.

Nous devrons constater aussi, dans la manière dont Suger comprend l'histoire, une qualité morale qui lui fait le plus grand honneur: c'est l'esprit de justice qu'il sait garder toujours quand il parle de ceux que l'amour-propre national aurait quelque intérêt à ne point ménager. Si l'historien de Louis VI traite durement parfois les ennemis de ce monarque, ce sont toujours ceux, remarquons-le bien, qui ont encouru par une conduite véritablement coupable cette juste sévérité. Mais Suger se montre toujours équitable, toujours impartial envers les hommes qui ne furent pour le roi de France que des rivaux politiques : nous citerons particulièrement dans le nombre le comte de Chartres, Thibaut et le roi d'Angleterre Henri Ier. Ainsi lorsque les historiens normands tels que Guillaume de Malmesbury, Henri de Huntingdon, et Orderic Vital lui-même, laissent apercevoir leurs préventions nationales contre Louis VI, l'écrivain français ne sacrifie jamais le roi d'Angleterre pour rehausser la gloire de son propre maître. Suger, tout en faisant la part des fautes du prince anglais, ne cesse jamais un seul instant de rendre hommage à son mérite et de témoigner pour lui une haute admiration (1). A la vérité Henri Ier avait donné à l'abbé de Saint-Denis une place des plus honorables dans son estime et dans son amitié. Nous voyons même que le ministre de Louis VI se montrait fort sensible à cette distinction. Mais Henri n'était déjà plus, lorsque Suger écrivit son histoire, et il faut reconnaître que le désir de plaire à la cour de France ou de flatter l'orgueil national ne fit pas taire chez l'historien français le sentiment de la justice et n'arrêta en rien l'expression de sa reconnaissance.

Si nous voulons considérer maintenant, dans l'histoire de la vie de Louis le Gros, le caractère du style, nous le verrons découler de sources très-diverses, et dont le mélange sera fort curieux à observer.

Suger a étudié les poëtes de l'antiquité; il connaît Horace et Juvénal, Virgile et Lucain. La philosophie pratique d'Horace et la verve satirique de Juvénal l'inspirent souvent quand il juge les hommes et les choses. L'exagération violente du dernier, surtout, paraît lui revenir à la mémoire et animer sa plume, lorsqu'il nous retrace le portrait de quelqu'un de ces barons qui, au douzième siècle, répandaient autour d'eux la crainte et la haine. C'est ainsi, par exem-

(1) « Vir prudentissimus Henricus cujus tam *admiranda* quam *prædi-* » *canda* animi et corporis strenuitas gratam offerrent materiam. » (Vit. Lud. Grossi, cap. 1.)

Ces paroles semblent montrer dans l'écrivain la tentation de nous raconter, avec quelques détails, les actes du roi d'Angleterre : elles expriment au moins un regret de ne pouvoir le faire. Suger nous donne, en effet, l'explication de la réserve qu'il s'impose : « Francorum non Anglorum gesta quædam scripto memoriæ mandare proposuimus. »

ple, qu'il nous peindra le trop célèbre sire du Puiset.

« Sicut bene fructificantis arboris gratissimus fructus aut stipitis transplantatione, aut ramorum insertione, odoriferum saporem restaurat, sic et iniquitatis et nequitiæ extirpanda propagatio, de traduce multorum nequam in uno conglutinata, tanquam sanguis sanguini, sanguinem illius stimulans, nativa amaritudine tanquam absinthio potat. Hugo Puteolensis vir nequam et propria et antecessorum tyrannide sola opulentus, cum successisset avunculo, omni malitia patrissare semen nequam non desistebat : sed quos pater flagellis, patre nequior, scorpionibus cædebat (1). »

Les traits généalogiques du sire de Puiset, comme on voit, sont peu flattés; mais quand l'historien sera conduit à nous peindre l'incorrigible perfidie de ce baron, dont le monarque avait brisé les fers, il s'efforcera d'enchérir encore sur son modèle.

« Nec mora cum necdùm congelatum sed liquidum et recens adhuc sacramentum floccifaceret Hugo longâ exasperatus captione, instar canis diu catenati qui conceptâ et retentâ longo tempore in vinculis insaniâ, solutus intolerabiliter desævit, excatenatus mordet et discerpit; haud secus Hugo congelatam liquefaciens nequitiam, stimulat, movet, ad fraudem accelerat (2). »

L'impression que Suger a reçue des poëtes épiques, et de Lucain en particulier, ne l'abandonne presque

(1) Vit. Lud. Grossi, cap. XVIII.

(2) *Ibid.*, cap. XX.

jamais lorsqu'il doit raconter quelque noble exploit. Que Louis VI, par exemple, combatte vaillamment à la tête de ses chevaliers, on voit fuir ses ennemis *comme si les colonnes d'Hercule s'étaient tout à coup dressées devant eux* (1), ou *comme si l'Océan menaçait de les engloutir*. Que nos guerriers en haubert, bannières flottantes et leurs lances ornées de banderoles, gravissent rapidement les cimes escarpées des Cévennes, vous diriez *l'armée des Titans escaladant les cieux* (2).

Il ne faut donc pas croire que Suger, avec son esprit exact, rigoureux et précis, s'interdise les ornements dans l'histoire. Chose étrange, il revêt presque toujours des formes poétiques de l'antiquité les faits contemporains et encore présents à toutes les mémoires. Cette alliance singulière de la couleur antique avec un sujet tout moderne peut trouver, jusqu'à un certain point, son explication naturelle. Il y a chez l'abbé Suger deux dispositions très-remarquables qui, au premier coup d'œil, sembleraient opposées: c'est d'une part, la réflexion froide, et d'autre part une irrésistible passion pour tout ce qui semble offrir le caractère de la grandeur; c'est tout à la fois un sentiment réel des choses et une chaleur vive qui tient de l'enthousiasme (3). Ce que l'on appelait dans ce temps

---

(1) Ac si Gades Herculis offendant, aut magno Oceano arceantur, refugos repellit. (Vita Ludov. Grossi.)

(2) ... Gigantea audacia cœlum tendere videntur. (*Ibid.*)

(3) Ce même esprit, qui s'appliquait si patiemment à la lecture des anciennes chartes et pourvoyait aux détails les plus minutieux de son admi-

le royaume de France se trouvait encore renfermé, il est vrai, dans de bien étroites limites; mais la nation française n'avait pas moins chaque jour sous les yeux les plus admirables exemples. Si la royauté de Louis VI n'était pas très-puissante, il faut avouer cependant qu'il n'y en avait pas eu depuis longtemps d'aussi héroïque. Chacun des exploits de Louis est donc pour Suger une sorte de petit poëme, et les souvenirs de l'héroïsme classique viennent tout naturellement se mêler, dans l'esprit de l'écrivain, aux impressions contemporaines. Tel est, en effet, le double caractère qui se reproduira sous sa plume, lorsqu'il prendra le caractère d'historien et de narrateur. Nous ne nous étonnerons donc pas de voir Suger se permettre quelquefois la fiction, mais hâtons-nous d'ajouter qu'il ne prend cette licence que dans une seule espèce d'occasion. Lorsque ses personnages doivent prononcer quelque discours, il ne croit pas blesser trop gravement la vérité en faisant lui-même, sous leur nom, tous les frais d'éloquence; il imite, sous ce rapport, les écrivains de l'antiquité et les poëtes épiques plus encore que les historiens. Nous citerons en particulier un exemple qui nous a paru tout à fait caractéristique.

Au nombre des forfaits que Louis VI avait vengés avec le plus d'éclat, on se rappelait surtout le meurtre

---

nistration temporelle, se passionnait en même temps pour Virgile et pour Horace, pour Lucain et Juvénal.

« Gentilium poetarum oblivisci usquequaque non poterat. » (Vita Sug., lib. I.)

de Gui de la Roche et de son épouse. Suivant le récit que Suger nous fait de ce drame lugubre, Gui était un jeune seigneur que l'honnêteté de son caractère et la douceur de ses mœurs rendaient très-digne d'estime et d'affection. Son château de la Roche-Guyon, situé sur les bords de la Seine, dans le Vexin français, n'était autre chose qu'une vaste demeure creusée dans le flanc d'une montagne, et ressemblant moins, dit Suger, à une habitation humaine, qu'à l'un de ces antres où l'on rendait autrefois les oracles, et qui pénétraient jusqu'aux enfers. Mais ce lieu sinistre n'inspirait plus la crainte depuis qu'il avait pour maitre le jeune Gui, dont il portait alors le nom. Malheureusement ce château, quelque peu digne d'envie qu'il pût paraître, excita la cruelle ambition d'un seigneur normand, nommé Guillaume, et beau-père de Gui. Un dimanche soir Guillaume, accompagné de serviteurs armés, se rend près de son gendre, comme pour lui faire visite; mais au moment où Gui traverse une galerie qui communiquait à la chapelle du château, les assassins se précipitent sur lui et l'immolent sans pitié, ainsi que son épouse et ses enfants. Jusqu'à présent le récit parait assez conforme à ce que racontait la voix publique. Mais bientôt les réminiscences classiques se présentent à l'imagination de l'écrivain; Suger nous montre l'épouse de Gui s'élançant au devant des bourreaux pour les conjurer de faire tomber sur elle-même les coups qu'ils destinent à son malheureux époux; elle leur crie : « Me me miseram et sic mori meritam potiùs vilissimi carnifices detruncate (1)! » C'est bien là, sans doute, le *me me adsum* de Virgile, paraphrasé à la manière de l'historien.

La malheureuse épouse partage le sort de son mari : baignée dans son sang et presque mourante, elle tourne vers lui un dernier regard et lui adresse cette plainte : « Quid reliqui mihi facis carissime sponse? numquid hoc meruit tua juxta me constantia? » L'auteur, comme on voit, n'a pu s'empêcher de songer ici à la Cornélie de Lucain. Enfin un vers textuellement cité termine cette scène douloureuse :

Sic ait et lasso jacuit deserta furore.

Ainsi, par une sorte d'opposition assez remarquable, lorsqu'au douzième siècle les romanciers d'Alexandre ou de la guerre de Troie transportent dans les temps anciens le costume et les mœurs du moyen âge, nous trouvons à la même époque un écrivain qui donne aux événements du moyen âge les formes et les couleurs de l'antiquité. Mais si l'historien de Louis le Gros tente d'imiter plus ou moins heureusement les écrivains classiques, il ne semble pas très-jaloux de s'approprier aussi la pureté de leur style. Sous le rapport de la langue latine, Pierre le Vénérable et Abeilard auront toujours sur l'abbé de Saint-Denis un incontestable avantage. Suger connaît, à la vérité, les poëtes de l'ancienne Rome (2),

(1) Vit. Ludov. Grossi, cap. XVI.

(2) Il cite fréquemment Horace, Virgile, Lucain et Juvénal. Mais il s'était particulièrement familiarisé avec les vers d'Horace : « Gentilium vero poetarum ob tenacem memoriam oblivisci usquequaque non poterat, ut versus

mais il s'est nourri en même temps de l'étude des chartes et des écrivains de l'histoire moderne. Aussi lorsqu'il s'efforce de reproduire la vigueur hyperbolique de Juvénal, le sens pratique d'Horace ou l'éclatante exagération de Lucain, lorsqu'il prodigue l'antithèse, qu'il croise ses mots avec une intention marquée d'élégance poétique, il ne craint pas d'abandonner sa plume à cette latinité moitié barbare qui ne connaît plus les véritables règles, qui crée des expressions nouvelles et adopte les mots d'un autre idiome. Assemblage bien étrange, mais naturel peut-être, chez un homme qui emprunte ses inspirations au passé et au présent, et qui les unit dans son imagination comme dans son langage (1).

Maintenant nous devrons reconnaître que sous ces formes à la fois poétiques et incorrectes, la pensée de Suger est toujours forte, profonde et originale. Plus d'une fois même l'historien semble prendre le ton de l'épopée : on peut citer entre ses plus brillants morceaux la prise du Puiset, la défense de Toury et les deux siéges de Clermont en Auvergne. Mais Suger vient-il à nous raconter l'invasion de l'empereur Henri V en Champagne, à nous montrer l'élan de la France entière accourant à la défense du pays

---

Horatianos utile aliquid continentes, usque ad vicenos sæpe etiam ad tricenos memoriter recitaret. (Vit. Sug., lib. I.)

Suger ne mentionne pas Cicéron ; mais il semble bien qu'il ait lu quelques-uns de ses ouvrages, car il cherche souvent à l'imiter par cette fréquente répétition de synonymes que nous trouvons dans l'orateur romain.

(1) Ad optimos quosque, *quocumque vixerint sæculo*, animum intendebat : cum his illi colloquium, cum his studium erat. (Vit. Sug. a Willelmo script., lib. II.)

menacé, alors sa voix s'anime du plus pur et du plus ardent patriotisme.

Après avoir examiné dans Suger le caractère de l'historien et de l'écrivain, nous croyons indispensable de présenter quelques observations critiques sur le texte même de la vie de Louis le Gros. Une étude de ce genre nous paraît d'autant plus digne d'intérêt, que ce texte précieux a été grossièrement défiguré dans un grand nombre de passages, et que les éditions même les plus récentes nous reproduisent ces graves altérations qui dénaturent le sens de l'auteur, le rendent souvent inintelligible, quelquefois même ridicule.

Nous possédons encore trois beaux manuscrits de la vie de Louis le Gros par Suger. Celui de Saint-Denis, qui paraît le plus ancien, se trouve aujourd'hui dans la collection de la bibliothèque Mazarine, sous l'indication H 543 (1). La bibliothèque Impériale possède l'ancien manuscrit du roi 5,925 et le manuscrit N D 135, qui pourrait bien être le même que celui de Saint-Germain mentionné par les derniers éditeurs. C'est d'après ces derniers manuscrits que l'historiographe André Duchesne et les auteurs du douzième volume de la collection qui porte le nom de D. Bouquet, ont publié leurs éditions.

En étudiant avec soin les trois textes manuscrits qui nous restent encore de la vie de Louis VI, nous nous sommes assuré en premier lieu qu'aucun d'eux

(1) M. Victor le Clerc a bien voulu nous indiquer en particulier ce précieux texte de la vie de Louis le Gros.

ne remonte au delà du treizième siècle. Nous ne pouvons donc nous flatter, à ce qu'il semble, de posséder le manuscrit autographe, ni même un exemplaire transcrit dans le siècle où vivait l'auteur. Les textes qui sont entre nos mains ne datent réellement que d'une époque déjà un peu éloignée de celle où avait écrit l'abbé Suger. A cette première observation, nous en ajouterons une autre : c'est que le sens de l'auteur présente assez fréquemment quelque chose de difficile et d'embarrassé. Cette obscurité nous paraît tenir principalement à la tournure compliquée des périodes, à cette recherche d'expression, à ce croisement perpétuel de mots ou de phrases incidentes qui exigent de la part du lecteur une attention soutenue, et lui permettent, à ce prix seul, de saisir distinctement la pensée de l'écrivain. Cette difficulté embarrassait déjà les anciens lecteurs de l'abbé Suger, car le texte de la bibliothèque Mazarine (manuscrit de Saint-Denis) présente plusieurs notes marginales d'une écriture qui ne paraît pas toujours de beaucoup postérieure à celle même du manuscrit. Ces notes, qui ne sont pas des gloses, avaient pour but d'expliquer le sens de certaines phrases sur lesquelles il semblait facile de se méprendre.

Dans la vie de Louis le Gros, comme on voit, les erreurs de copistes étaient inévitables; mais de plus, elles devaient être nombreuses. Plusieurs de ces fautes, qu'une lecture vicieuse avait introduites dans les exemplaires écrits après le douzième siècle, ont été corrigées dans les manuscrits eux-mêmes, au moyen de ratures et de surcharges qui paraissent appartenir à différentes époques. Les éditeurs de la vie de Louis le Gros se sont conformés à ces diverses corrections : mais toutes les erreurs de copie n'ont pas été ainsi rectifiées. Nous désirons en conséquence signaler particulièrement celles qui nous ont frappé; nous proposerons en même temps les leçons auxquelles le raisonnement, la comparaison de Suger avec lui-même et les indications de la science paléographique nous auront paru donner le plus de probabilité.

Dans l'un de ses premiers chapitres, Suger nous raconte qu'un seigneur nommé Eble de Roucy, dans le territoire de Reims, était puissamment soutenu contre les armes de Louis VI par les seigneurs lorrains qui habitaient dans le voisinage de la Champagne. L'auteur avait écrit : « Certatur ibi non contra Ebalum tantum sed contra omnes illarum partium barones quibus proximorum Lotharingorum affinitas, multo agmine celebrem affectabat exercitum (1). » Au lieu de *proximorum*, un copiste, dont la leçon devait être adoptée dans les autres manuscrits, a lu *maximorum*, qui n'a aucun rapport avec le sens général de la phrase. Les éditeurs de la collection des historiens de France proposent de lire *maximum*, qui aurait encore moins de clarté. La correction de *proximorum*, confirmée par le mot *affinitas*, vient rendre au texte de Suger un sens naturel et qui nous semble porter le caractère de l'évidence.

Mais voici quelque chose de beaucoup plus grave.

(1) Cap. V.

Au nombre des récits les plus intéressants de Suger, il faut certainement compter le siége de la Ferté-Baudouin, où un baron nommé Hugues de Crécy retenait prisonnier son propre frère Eudes de Corbeil, pour le punir de sa fidélité envers Louis VI. Le monarque ayant résolu de s'emparer du château par surprise, quarante chevaliers, conduits par le sénéchal Ansel de Garlande, profitent de l'obscurité du soir pour s'élancer subitement vers l'une des portes de la forteresse : ils en sont déjà maîtres en partie, lorsque les gens de l'intérieur, prenant l'alarme, se précipitent à leur rencontre, les repoussent et font Ansel prisonnier. Le roi apprenant que le sénéchal est captif et que Hugues, de son côté, accourt à la défense de son château, se hâte d'arriver lui-même sous les murs de la place. Pour empêcher Hugues d'y rentrer, il en intercepte toutes les avenues au moyen de plusieurs postes et de plusieurs camps retranchés. Néanmoins le sire de Crécy tente, à plusieurs reprises, de tromper la vigilance des gardes et des sentinelles placées sur les chemins qui conduisent aux différentes portes, mais il est forcé chaque fois de se retirer au plus vite, et non sans courir le risque d'être fait prisonnier. Voici le texte relatif à cette dernière circonstance : « Hoc ergo timore, Rex citissimè castrum cingit, portarum vias obtrudit, municipiis quatuor aut quinque castrum concludit..... Præfatus autem Hugo..... quomodo castrum ingredi posset..... machinatur..... crebrò etiam contigit ut *vigilias in vitâ sitas* et occurrentium hostium indeclinabiles impetus nullo modo evadere valeret, nisi cum simulata fraude seipsum Garlandensem Guillelmum fallendo..... conclamaret (1). »

Les premiers textes portaient apparemment le mot *vigilias* syncopé, suivant l'ancienne méthode : au lieu de *vigilias*, on avait écrit *vilias*, avec le signe transversal d'abréviation. Les copistes d'une époque plus récente ont lu les uns *villas*, les autres *vias*, et la dernière leçon est devenue celle de l'ancien manuscrit du roi. Mais, suivant le texte nouveau donné par les copistes et reproduit dans les éditions imprimées, ce ne serait plus aux gardes de Louis VI que Hugues de Crécy aurait cherché à échapper par la fuite : ce serait à des *maisons de campagne*, à des *villages;* ou bien, ce qui ne serait pas moins étrange, à des *chemins placés sur le chemin*, *vias in viâ sitas*. Or, le vrai sens est d'autant plus palpable, que Suger nous montre un peu plus haut Louis VI disposant lui-même les postes militaires qui devaient surveiller les avenues du château; et lorsque l'écrivain nous retrace, peu après, la fuite précipitée de Hugues, il ajoute immédiatement, à la suite des mots *vigilias in viâ sitas*, ces autres mots *et occurrentium hostium indeclinabiles impetus*. C'était aussi pour mieux tromper les gardes au milieu desquels il avait hasardé son passage, que Hugues de Crécy leur criait qu'il était Guillaume Garlande, frère du sénéchal.

Dans le chapitre où il nous parle du trop fameux sire du Puiset, Suger, voulant nous montrer par une image très-vive que ce seigneur avait hérité de la

(1) Cap. XIV.

perversité de ses ancêtres, le compare à un arbre de mauvaise espèce qui porte au dedans de lui la séve de tous ceux de la même race qui l'ont précédé. Semblable à cette mauvaise séve, le sang d'une race perverse stimule avec une force toujours plus grande le dernier rejeton qui l'a reçu. « Sicut bene fructificantis arboris gratissimus fructus aut stipitis transplantatione aut ramorum insertione odoriferum saporem restaurat, sic et iniquitatis et nequitiæ extirpanda propagatio, de traduce multorum nequam in uno conglutinata, tanquam sanguis sanguini et sanguinem illius stimulans nativa amaritudine tanquam absynthio potat (1). »

Un copiste a lu *anguis angit*, à la place de *sanguis sanguini;* et dans les deux mots *sanguinem illius*, probablement écrits *sangmillus*, il a vu le mot *anguillas*. De là est résultée la leçon *tanquam anguis angit inter anguillas stimulans*, qui ne présente pas un sens bien clair, et qui, au milieu d'une comparaison assez juste, fait bizarrement intervenir des anguilles et des serpents, auxquels l'auteur n'avait sans doute guère songé.

Un peu plus loin, Suger, voulant nous rappeler que le même Hugues du Puiset avait longtemps retenu captif dans son château l'évêque Ives de Chartres, nous disait : « Quem (Ivonem) coarctans fecerat compingi in eodem castello multis diebus (1). » Nous lisons dans les manuscrits et dans les éditions : « Quem

---

(1) Cap. XVIII.
(2) Cap. XVIII.

coactus fecerat pingi, etc... » Il vaut mieux ne point chercher de sens dans cette leçon que de lui en trouver un qui serait par trop ridicule.

Mais nous allons voir le style de Suger dénaturé d'une façon bien autrement étrange, dans un passage où l'auteur s'était servi d'une image pittoresque et assez heureuse. Il s'agit d'une tour que le roi Louis VI avait fait élever avec une merveilleuse promptitude, pour attaquer plus sûrement le château du Puiset. Suger nous dit qu'il semblait que cette tour eût été plantée dans le sol aussi soudainement qu'un jeune arbre. « Nec ab incœpto desistunt (regii milites) donec subitam *ac si satam* munitionem multo milite, multa armatura munierunt (1). »

Un copiste, écrivant deux fois, par mégarde, la même syllabe, a mis *satatam* pour *satam*. Un autre copiste après lui a changé l'*s* en *f*, et a écrit *fatatam*. André Duchesne, ne pouvant admettre un mot aussi barbare, a supposé que l'on devait lire *fatalem*. Mais les éditeurs du douzième volume de la Collection de D. Bouquet, ne trouvant pas cette correction tout à fait satisfaisante, ont préféré garder *fatatam*, sans chercher toutefois à rendre compte de cette singulière locution.

Une autre faute matériellement plus légère, mais beaucoup plus grave sous le rapport du sens, convertit en parole de blâme un mot que Suger avait écrit au contraire comme un éloge. L'historien nous raconte qu'un seigneur nommé Alard, homme très-habile et sachant parler sa langue d'une manière fleurie,

(1) Cap. XX.

vint exprès du Berri pour plaider devant Louis VI la cause de son beau-fils, qu'un oncle paternel voulait priver de son héritage. « Accelerat ad eum (regem) de finibus Bituricensium vir peritus linguæque *vernalis* Alardus Guillebaldi; qui satis rhetoricè privigni sui querelam deponens, domino regi humillimè supplicat quatenus nobilem baronem Haimonem nomine... justitiam recusantem imperialiter in jus traheret (1). »

Au lieu d'une langue fleurie, *linguæ vernalis*, le copiste et les éditeurs donnent à Alard une langue vénale, *linguæ venalis*, bien que dans tout cet épisode Suger ne fasse jouer à l'orateur qu'un rôle très-honorable (2).

En parlant de la bataille de Brenneville, Suger attribue la défaite des Français à une embuscade habilement disposée par le roi d'Angleterre Henri Ier, et il retrace de la manière suivante les apprêts du combat: « Quâdam die rex Angliæ, collectis multorum viribus, speculatus regis Francorum improvidam audaciam, ordinatas militum acies in eum occultè dirigit, *insidias*, ut in eum extraordinarie insiliant, *ponit*... quacumque belli cautelâ sibi providere sagaciter satagit (3). »

A la place du mot *insidias*, peut-être abrégé suivant l'ancienne méthode, on a lu le mot *incendia*, qui a

---

(1) Cap. XXI.

(2) La division de la vie de Louis le Gros en chapitres s'arrête dans les manuscrits et dans les éditions après le chapitre XXI. Nous indiquerons maintenant, dans la suite de nos observations philologiques, la page correspondante de l'édition donnée dans le tome XII de la collection des historiens de France.

(3) P. 45.

été introduit dans les manuscrits et dans les éditions. Cependant les auteurs du douzième volume de D. Bouquet, trouvant cette expression un peu suspecte, ont proposé, dans une note, de lire *incentiva*, qui n'offre pas un sens beaucoup plus clair. C'est pour cette raison, sans doute, que le traducteur français de la vie de Louis le Gros, insérée dans la collection de M. Guizot, a cru devoir s'en tenir à *incendia*, et a supposé, d'après ce texte fautif, que Henri Ier avait fait allumer des feux devant son armée.

Quelques lignes plus bas, Suger nous représente Louis VI protégeant vaillamment sa retraite, et nous dit : « Ut consueverat in adversis, constanti sui suorumque præsidio armis consulens, remeavit (1). »

Au mot *constanti*, qui se rapporte à *præsidio*, le copiste, suivi par les éditeurs, a écrit *constantiam*, que la syntaxe la moins rigoureuse ne saurait admettre.

La petite ville de Maguelonne vient à son tour donner lieu à une méprise d'un autre genre. Suger, voulant nous peindre l'exiguïté et l'extrême solitude de cette ville, où il était allé recevoir le pape Gélase II, nous dit qu'elle n'était guère habitée que par l'évêque, par le clergé, et par un petit nombre de familles. « Magalonam arctam in pelago insulam cui superest, solo episcopo clericis et rarâ familiâ *completa*, singularis et privata civitas (2). »

Le mot *completa* écrit par abréviation *c̄pta* ou *comp̄ta*

(1) P. 45.
(2) P. 46.

a trompé un copiste, qui a lu *contempta*, et cette leçon transportée dans les autres manuscrits a fait dire à Suger que la ville de Maguelonne était méprisée de l'évêque, du clergé et des familles qui l'habitaient.

Une erreur moins grave pour le sens, mais qui ferait accuser Suger d'une singulière ignorance de la grammaire latine, se rencontre dans un chapitre où l'abbé de Saint-Denis rappelle les divers bienfaits dont il était redevable au saint-siége. Suger avait écrit : « Romana ecclesia ante nostram promotionem tam Romæ quam alibi, multis et diversis conciliis..... benigne susceperat, disserentem gratanter audierat, negotia nostra *in* altius erexerat. »

A la place de la préposition *in* on a substitué par une lecture vicieuse le pronom *me*, et l'on a écrit *me altiùs erexerat*. Les éditeurs de la vie de Louis le Gros, dans la collection de D. Bouquet, se sont étonnés avec raison de ce singulier langage, et ils ont essayé de l'expliquer en disant que *me* était mis sans doute pour *quàm ego*. Suivant cette interprétation la phrase devrait s'entendre ainsi : *Negotia nostra altius erexerat, quàm ego erexeram*. Nous reconnaissons volontiers que Suger ne se distingue pas toujours par une latinité bien pure, mais jamais il ne se joue à ce point des plus simples lois de la grammaire.

Nous venons de constater dans ce qui précède des fautes qui présentent un caractère plus ou moins grave : maintenant nous en relèverons une qui constituerait une erreur opposée tout à la fois à la vérité historique et à la géographie.

Dans le remarquable épisode où l'abbé de Saint-

Denis nous retrace l'invasion de l'empereur Henri V en Champagne, se trouvent énumérés, avec précision, les différents peuples qui s'étaient rendus à la suite de Louis le Gros sous les murs de Reims : ce sont les peuples de Reims, de Châlons, de Laon, de Soissons, d'Orléans, d'Étampes, de Saint-Denis, du Vermandois, du Ponthieu, d'Amiens, de Beauvais, de la Champagne et de la Bourgogne. A la suite de cette nomenclature l'écrivain ajoute que trois des grands vassaux du royaume n'avaient pu se rendre à l'appel de Louis VI.

« His autem, locorum affinitate propinquis, dux » Aquitaniæ Guillelmus, comes egregius Britanniæ, » comes bellicosus Fulco Andegavensis, summè æmu- » labantur, eo quod vires exaggerare et Francorum » injuriam gravissimè punire, et viæ prolixitas et » temporis brevitas prohiberent. »

Le texte de Suger lu de cette manière ne présente point de difficulté. Les différents peuples que leur situation géographique rapprochait suffisamment du théâtre de l'invasion, se trouvaient réunis sous le commandement du monarque ; mais Guillaume, duc de Guyenne, le comte de Bretagne et Foulque d'Anjou, à qui la longueur du chemin et la trop grande brièveté du temps n'avaient pas permis de se rendre sous la bannière royale, portaient envie aux guerriers qui, plus voisins de la Champagne, avaient pu venir prendre leur part dans cette glorieuse et patriotique expédition. C'est bien là ce que nous exprime cette phrase : « His, affinitate locorum propinquis, dux Aquitaniæ Guillelmus, comes egregius Britanniæ, Fulco

Andegavensis..... summè æmulabantur. » Le pronom *his* se rapporte aux différents peuples précédemment énumérés et qui appartenaient effectivement aux pays circonvoisins de la Champagne. Cette proximité géographique ne résulte pas seulement de la nomenclature même de ces peuples, mais elle est formulée d'une manière directe par les mots *affinitate locorum propinquis*.

Un copiste, dont la leçon devait être suivie dans les autres manuscrits et dans les éditions, a changé le mot *propinquis* en *propinquus*, et il a rapporté ainsi au mot *dux* cet attribut dont le véritable corrélatif est le pronom *his* placé en tête de la phrase. Pour que cette leçon devînt possible, il faudrait admettre de toute nécessité que le duc de Guyenne était géographiquement voisin des divers peuples nommés plus haut. Or ces peuples appartenaient tous et sans exception aux provinces du nord ou de l'est de la France. La proximité attribuée par la leçon *propinquus* aux ducs d'Aquitaine, de Bretagne et d'Anjou ne peut s'entendre non plus des postes qu'ils auraient occupé sur le théâtre de la guerre. Ces trois seigneurs, comme Suger le déclare formellement dans la fin de sa phrase, n'avaient pu se rendre à l'appel du roi, et c'était pour cette raison précisément qu'ils étaient si jaloux de ceux que les mêmes obstacles n'avaient point arrêtés...... « Summè æmulabantur eo quod vires exaggerare et Francorum injuriam gravissimè punire, *et viæ prolixitas et temporis brevitas prohiberent.* »

Le sens véritable de Suger reparaît donc tout naturellement avec le mot *propinquis*, dont l'existence primitive dans le texte nous paraît d'une entière évidence.

Le texte de la vie de Louis le Gros assez gravement altéré, comme on voit, donnerait encore lieu à d'autres corrections qui ne manqueraient pas d'importance; mais nous n'en signalerons plus que deux qui sont relatives à la chronologie. C'était en l'année 1107 que le concile de Châlons-sur-Marne avait été réuni par le pape Pascal II pour traiter de la question des investitures. Cinq ans après, en 1112, l'empereur Henri V se rendit maître de Rome par la force des armes et fit le pape Pascal II prisonnier. Or nous lisons dans la vie de Louis le Gros que ce dernier événement se passa la seconde année après le voyage de Pascal en France: « Secundo fere recessionis ejus anno (1). » Il est évident que l'on doit lire *quinto*.

Ailleurs Suger parlant de l'origine de la guerre des Français et des Normands avait écrit: « His et hujus modi primordiis incitata guerra per *decennium* pene continuata, etc., etc. (2). » En effet, cette guerre, commencée en 1109, se termina vers la fin de 1119 par le traité de Gisors, conclu en présence du pape Calixte II. Or, dans les textes de la vie de Louis le Gros le mot *decennium* a été remplacé par celui de *biennium*, que la chronologie historique ne saurait admettre.

Après avoir examiné l'histoire de la vie de Louis le Gros, il semble naturel de se demander si l'on ne

---

(1) P. 21.
(2) P. 29.

pourrait pas attribuer à Suger la première partie de l'histoire de la vie de Lous VII (1). En effet, le religieux Odon de Deuil, au commencement de sa relation du voyage de Louis VII en Orient, exhorte vivement l'abbé de Saint-Denis à écrire la vie de ce monarque dont il connaît si bien l'histoire, puisqu'il a été, dit-il, son premier instituteur (2). Le secrétaire Guillaume nous apprend à son tour que Suger avait commencé la rédaction de ce nouvel ouvrage et qu'il n'avait pu malheureusement l'achever (3). Or nous possédons une vie de Louis VII composée par un auteur anonyme sous le titre de *Historia gloriosi Ludovici regis VII :* ce titre, comme on voit, rappelle assez exactement celui de la vie de Louis le Gros ; on serait donc naturellement porté à croire d'abord que la première partie de ce travail pourrait bien appartenir à Suger. Mais lorsque l'on compare attentivement les deux ouvrages, il n'est guère possible de reconnaître dans la vie de Louis VII le style et les idées de Suger. On y remarque bien un pâle reflet de sa manière d'écrire, mais rien de sa vivacité ni de son entraînement, rien de sa force ni de sa chaleur enthousiaste. L'âge avait-

(1) Apud. B. Bouquet, t. XII, p. 124. — Duchesne, Rer. fr., t. IV, p. 412.

(2) Patris ejus gesta scripsistis, sed criminis erit fraudare posteros notitia filii... qui prius patrem traxistis in lucem, incipite a pueritia ubi virtus cœpit oriri, quot vos melius nostis quia sicut nutritius seretius didicistis. (Odo de Diogilo. de profect. Ludov. VII, in orient procemium. Chifflet. S Bernardi illustre genus assertum, p. 9.

(3) Regis Ludovici splendido sermone gesta descripsit, ejusque filii itidem Ludovici scribere quidem cœpit sed... ad finem opus non perduxit. (Vit. Sug., lib. I.)

il modifié à ce point ses sentiments et son élocution? Les lettres que l'abbé de Saint-Denis écrivit à la même époque ne nous permettent pas de le croire. Si vous lisez le début de la vie de Louis VII, vous trouverez quelques mots, quelques périodes à effet, mais un ton général de froideur qui n'a jamais été celui de Suger.

« Gloriosus Ludovicus, gloriosi regis Ludovici » filius, lugubri tanti patris demigratione celerrimo » compertâ nuntio, ducatu Aquitaniæ consultè tutoque locato..... Parisius tanquam ad propriam remeans sedem, in eâ enim, sicut in antiquis legitur » gestis, reges Francorum vitam degere consueverunt, de regni administratione et ecclesiæ defensione, pro ætate, pro tempore, gloriosè disponebat. » Felicem se fore tota existimabat patria, eo quod » tantæ sunt reliquiæ homini pacifico, nobilissimo » patri, quòd ad robustissimam regni defensionem » nobilissima proles succederet, pios foveret, impios » abdicaret (1). » La suite ne présente que peu de détails sur Louis VII, et l'auteur ne fait aucune mention de la part qu'il aurait prise aux événements.

Néanmoins diverses raisons autoriseraient à croire que la partie de la vie de Louis VII que Suger a écrite se retrouve, jusqu'à un certain point, dans le travail de l'anonyme : mais l'œuvre de Suger aurait été abrégée et modifiée de manière à lui enlever son caractère original (2). Nous croyons dès lors pouvoir

(1) D. Bouquet, t. XII, p. 124.

(2) L'histoire de l'anonyme ne commence, en effet, qu'à l'époque de l'avénement de Louis VII à la couronne. Or, d'après Odon de Deuil, Suger

conclure que la vie de Louis le Gros est le seul monument historique qui nous soit resté de Suger.

L'abbé de Saint-Denis, comme on sait, n'était pas seulement un politique habile : il était encore un sage administrateur. Après avoir écrit la vie tout héroïque de Louis le Gros, il pouvait donc songer légitimement à perpétuer dans un livre le souvenir de ce qu'il avait fait lui-même pendant sa carrière. Ce n'est pas toutefois la vie du politique ni celle du ministre qu'il entreprend de nous retracer dans ses mémoires : quoiqu'il ait consacré au service de l'État bien des soins et des travaux, il en veut laisser toute la gloire aux deux princes qui lui ont donné leur confiance. Mais ses actes comme abbé de Saint-Denis lui appartiennent en propre : ils ont eu aussi de grands résultats, ils peuvent servir d'exemple et devenir une sorte de loi pour ses successeurs.

Est-ce donc une pensée d'amour-propre qui va conduire maintenant la plume de l'abbé Suger ? Non assurément (1). Sa congrégation tout entière le presse de ne pas laisser périr la mémoire d'une époque glorieuse pour Saint-Denis. Sous le gouvernement de Suger la royale abbaye s'est relevée de sa profonde décadence : n'est-il pas bien utile, dès lors, d'appren-

---

avait dû raconter la vie de ce monarque à partir de son enfance : « ... Incipite a pueritia ubi virtus cœpit oriri, etc. » (Odo de Diogilo prooemium, ubi supra). Suger n'avait sans doute pas manqué de suivre le plan indiqué par Odon, attendu que l'éducation de Louis VII avait été, en grande partie, son ouvrage.

(1) Nullo inanis gloriæ appetitu, nullam laudis humanæ transitoriæ exigendo retributionem. (Lib. de reb. in administ. sua gest. Duchesne. Rer. Francic., t. IV, p. 331.)

dre à ceux qui viendront plus tard par quels moyens, par quels secrets heureux Saint-Denis a été rendu, en partie, à sa première splendeur (1)?

Mais dans l'esprit de Suger, une pensée domine au-dessus de toutes les autres: c'est une pensée de gratitude envers la providence divine. Il veut rendre publiquement témoignage à cette providence qui l'a tiré des plus humbles rangs de la société pour accomplir de grandes choses par son ministère (2). Telle est l'idée morale qui devra ressortir en particulier du traité de l'administration de l'abbé Suger.

Dans un court préambule l'auteur nous apprend à quelle occasion et dans quel but il a composé son ouvrage: « Anno administrationis nostræ vicesimo tertio, dùm in capitulo generali, quâdam die, conferendo cum fatribus nostris tam de hominibus quam de privatis negotiis, consederemus, iidem carissimi fratres supplicare cœperunt ne fructus tanti laboris nostri præteriri silentio sustinerem; quin potius ea quæ Dei omnipotentis munificentia contulerat huic ecclesiæ, prælationis nostræ tempore..... calamo et atramento posteritatis memoriæ reservarem (3). »

L'abbé de Saint-Denis répond fidèlement à ce qui lui est demandé, et l'on peut dire que son livre est, on ne peut plus précieux, pour la connaissance exacte de l'état des campagnes au douzième siècle. C'est là surtout que nous en découvrons la misère profonde

(1) Ne copiosa, quæ tempore administrationis nostræ larga Dei omnipotentis munificentia contulit, silentio... successoribus depereant, incrementa. (*Ibid.*)

(2) *Ibid.*, passim.

(3) Lib. de reb..., p. 331.

et l'abandon presque général ; c'est encore par l'étude de ce mémoire intéressant que nous pouvons le mieux apprécier les vraies causes d'une aussi déplorable situation. L'auteur passant en revue les principaux domaines de son abbaye nous fait entrer avec lui dans de nombreux détails d'agriculture, d'administration et de finances. Il nous apprend comment il sait se résoudre à un sacrifice, rétablir les droits prescrits ou aliénés, remettre en culture les terres désertes, construire de nouvelles habitations et les entourer de fortificatiens solides : il nous montre comment il établit une juridiction équitable et organise partout une administration régulière. Dans un temps où l'agriculture, l'administration et la science financière n'existent plus, pour ainsi dire, nulle part, n'est-il pas heureux de voir un homme intelligent et actif en rechercher de nouveau les secrets, les appliquer avec succès dans les vastes limites de son temporel, et donner ainsi en France un grand et salutaire exemple (1)?

Dans la seconde partie de son livre Suger nous retrace l'histoire de la réédification de Saint-Denis, et nous décrit les divers ouvrages qu'il a fait exécuter pour l'ornement de la nouvelle basilique. Ce chapitre renferme d'utiles renseignements sur les arts en France au douzième siècle, et nous aurons lieu d'en tirer bientôt nous-mêmes de précieuses inductions.

---

(1) Sub ipso (Ludovico VII) pace vigente, tot novæ villæ conditæ sunt et veteres amplificatæ, tot excisa nemora et exculta. (Chronol. Roberti, s. Mariani, Autissiod., apud script. Rer. Gallic., t. XII, p. 299.)

Le traité de l'administration de Suger, très-important par le fond, ne saurait être, en général, susceptible d'une appréciation littéraire : les détails administratifs, les calculs financiers dont il se compose n'étaient pas de nature à exercer le style de l'auteur. Cependant quelques passages ne manquent pas d'un certain attrait. Si vous lisez, par exemple, le récit que vous fait Suger de sa visite dans la forêt Iveline, où il était allé chercher le bois nécessaire à l'achèvement de Saint-Denis, vous éprouverez certainement quelque plaisir à suivre le mouvement de cette pensée active et persévérante qui ne reculait devant aucun obstacle et triomphait presque toujours des plus grandes difficultés.

Le traité de l'administration de Suger a donné lieu depuis peu à une question de critique littéraire et historique : les derniers éditeurs de cet ouvrage se sont demandé s'il avait été rédigé par Suger lui-même ou par quelqu'un de ses disciples, et l'on a pensé que ce mémoire pouvait bien avoir été écrit par le moine Guillaume, secrétaire de l'abbé de Saint-Denis. Cependant les opérations administratives, les calculs nombreux que Suger met sous les yeux du lecteur, semblent avoir quelque chose de trop personnel pour qu'il ait voulu en confier la rédaction à une plume étrangère. Le sujet devait lui sembler assez important, assez solennel, si on peut le dire, pour qu'il lui parût digne de le traiter lui-même. L'abbé de Saint-Denis, d'ailleurs, se met constamment en scène, et se plaît à nous révéler les mouvements les plus intimes de ses pensées et de ses espérances : un autre que lui évidemment ne pouvait parler en son nom de la même manière. Le style du livre paraît être sous tous les rapports celui de Suger, et nous ferons remarquer qu'une phrase du préambule est à peu près textuellement répétée d'un passage de la vie de Louis le Gros, où Suger avait déjà mentionné d'une manière générale les résultats de son administration (1). Cette question, du reste, ne saurait avoir qu'une assez faible importance, puisque dans l'ouvrage dont il s'agit, c'est l'administrateur qu'il faut chercher, et non l'écrivain.

Si les lettres que Suger a écrites pendant les trente années de son administration nous étaient parvenues, elles formeraient sans doute un recueil considérable et bien précieux pour l'histoire. Mais de toute la correspondance de l'abbé de Saint-Denis, vingt-six lettres seulement se sont conservées jusqu'à nous. Il serait difficile, comme on voit, de porter un jugement général sur cette correspondance, dont nous ne possédons qu'une faible partie. Dans les missives qui nous restent de lui, Suger traite d'objets d'administration civile ou religieuse et quelquefois d'in-

(1) Nous lisons dans le livre de l'administration : « Quin potius ea quæ » larga Dei omnipotentis munificentia contulerat huic ecclesiæ, tam in no- » varum acquisitione quam in amissarum recuperatione, emendatarum etiam » possessionum amplificatione, ædificorum constitutione, auri argentique » pretiosissimarum gemmarum necnon et optimorum palliorum reposi- » tione, etc. » — Nous lisons dans la vie de Louis le Gros : « Quæ cum in » omnibus clementer parvitati nostræ prosperata fuerit, inter antiquorum » prædiorum ecclesiæ recuperationem et novorum acquisitionem et ædifi- » ciorum, restitutionem sive institutionem, etc... gemmarum pretiosissima- » rum, auri et argenti, palliorum affluentia inde exuberet. »

térêts privés. Si l'on en considère la forme, il n'est guère possible d'y trouver l'empreinte de l'étude et du travail, comme dans celles d'Abeilard, de Pierre le Vénérable, d'Hildebert et d'Arnould de Lisieux. On reconnaît, en lisant ces lettres, que Suger devait écrire presque aussi rapidement qu'il parlait (1). On y retrouve néanmoins quelque chose du style de la vie de Louis le Gros, une expression vive et figurée, quelquefois même une sorte d'emphase poétique lorsqu'il s'agit des affaires les plus positives et les plus sérieuses. Parmi les diverses lettres de l'abbé de Saint-Denis, nous en citerons particulièrement quelques-unes qui nous semblent découvrir d'une manière plus intime l'esprit et les sentiments de l'écrivain. Nous mettrons au premier rang cette éloquente épître que Suger, pendant sa régence, adresse à Louis VII pour le conjurer de hâter son retour. Suger avait à se justifier des accusations odieuses que l'envie n'avait pas craint de porter jusqu'aux oreilles du monarque (2). Il faut admirer surtout l'exquise délicatesse avec laquelle Suger cherche à éclairer un prince trop crédule, et pour lequel il garde toujours un respect et une amitié inaltérables. Le régent ne prend point le ton de la plainte ni de l'amertume, il n'accuse personne, mais il dit ce qu'il a fait, ce qu'il a eu le désir

(1) Non lente, non anxie, sed eadem pene qua loquebatur, celeritate scribebat. (Encyclica de obitu Sugerii abb. apud script. Rer. Gallic., t. XII, p. 112.)

(2) Nemo inquam miretur si labia iniqua et linguam delatorum incurrit... quædam de illo regiis suggesta sunt auribus quæ regis animum simplicem aliquantisper turbaverunt. (Vit. Sug., lib. III.)

de faire. Rien de plus généreux ni de plus touchant qu'une semblable manière de répondre à ses détracteurs.

« Ut totius regni tibi voce loquar, quid est, carissime rex et domine, quare nos fugis? Nonne qui oderunt te oderam, et super inimicos tuos tabescebam?... Rogamus igitur celsitudinem tuam, pulsamus pietatem, adjuramus benignitatem, et per eam qua invicem obligati sumus fidem obtestamur, ne reus professionis et sacramenti quod in susceptione coronæ regno fecisti, in oculis Dei appareas. . . . . Terra vestra et homines bonâ pace, Deo opitulante, gratulantur. Causas et placita vestra, tallias et feodorum relevationes, victualia etiam, sperantes in reditu vestro, reservamus; domos vestras et palatia integra servare, diruta reparare facimus, solo domino egent. Senex eram; sed in his magis consenui, pro quibus omnibus *nullâ cupiditate*, nullo penitus modo, nisi amore Dei et vestro, me consumpsissem (1). »

Écrivant, en 1150, à Geoffroi, comte d'Anjou et duc de Normandie, pour l'engager à la paix avec le roi de France, l'abbé de Saint-Denis ne craint pas de rappeler franchement le rôle glorieux qu'il a joué pendant une longue suite d'années à la cour d'Angleterre. « Neque enim oblivioni tradere poterimus honorem et amorem quem gloriosus rex Henricus toto tempore vitæ suæ nobis exhibuit : qui cùm sapienter et potenter in administratione regni Anglorum et ducatûs

(1) Apud. script. Rer. Gallic., t. XV, p. 509.

Normannorum floreret. . . . . familiarem me habebat; venienti etiam tam potens, tam discretus, occurrebat; et quod multis suorum celaret, de reformatione, pacis sæpius mihi aperiebat. Unde crebrò, Deo auxiliante, contigit, nostro labore de multis guerris et implicitis multorum æmulorum machinamentis eum ad bonam pacis compositionem pervenire. Quod si nobis credi dignaretur, non recordamur pacem aliquam viginti annis cum domino rege Francorum eum fecisse, cui fideliter et præcipue inter omnes operam jugem et fidelem non adhibuerimus, *sicut ille cui ab utroque domino credebatur* (1). »

Mentionnons encore cette lettre remarquable ou plutôt cette véhémente exhortation qu'il adresse, en 1151, à la commune de Beauvais et à l'évêque Henri de France, frère de Louis VII; elle prouve que Suger, à son âge, n'a rien perdu de sa haute prévoyance ni de la vigueur de son caractère. De graves dissentiments s'étaient élevés entre l'évêque et le monarque, et de son côté la commune montrait à l'égard de Louis VII des dispositions les plus hostiles. Suger connaît le caractère du roi, et il pressent une lutte qui pourra devenir funeste : quoique bien affaibli déjà par la maladie, il rassemble tout ce qu'il a de force et d'éloquence pour conjurer le péril. On dirait que les malheurs dont plusieurs villes ont été depuis peu le théâtre sont présents à sa pensée, lorsqu'il s'écrie dans une sorte de péroraison finale :

« Quid autem vobis dicam, cives miserrimi, quos

---

(1) *Ibid.*, p. 521.

valdè absque cupiditate ullâ diligere consuevi.... si audiero civitatis subversionem?... Videte, videte, viri discreti, ne et aliâ vice rescribatur, quod semel inventum est in marmoreâ columnâ hujus civitatis ore imperatoris dictum : *Villam pontium refici jubemus* (1). »

CHAPITRE VI.

Quelle part est-il possible d'attribuer à Suger dans le mouvement imprimé aux arts pendant le douzième siècle? Quelle protection particulière paraît-il accorder aux études dans le cours de son ministère?

S'il y eut, comme on doit le croire, dans Suger une disposition naturelle à sentir et à aimer tout ce que les arts peuvent produire de beau et de grand, il faut reconnaître, en même temps, qu'il se trouva dans des circonstances éminemment propres à développer cette disposition. Il n'est encore qu'un très-jeune enfant, que déjà il admire à Saint-Denis les précieux ouvrages légués à cette basilique par le siècle de Dagobert et par celui de Charlemagne (2). Ces œuvres nombreuses de sculpture et de ciselure avaient conservé encore assez de traces de leur beauté primitive pour produire sur les yeux du novice les plus

(1) *Ibid.*, p. 529.

(2) Antiqua ornamentorum discrimina, ex ipsa matris ecclesiæ affectione, *crebro considerantes*... (Lib. de administ.)

vives impressions (1). Mais une chose dans ce temps même lui cause de sérieux regrets : la vieille basilique de Dagobert ne se montre point à lui avec une grandeur digne d'elle, et dans son imagination d'enfant il lui crée déjà les plus magnifiques proportions (2).

Cette pensée de Suger écolier ne fait que grandir et se fortifier avec l'âge. Au milieu même des soins pénibles que lui impose dans sa jeunesse la charge de prévôt, il porte plus d'une fois ses regards vers les magnificences artistiques et religieuses de l'Orient. L'église de Sainte-Sophie excite en lui une vive émulation, et il interroge, avec une avide curiosité, les voyageurs qui ont pu contempler la beauté et les richesses de cette merveille du monde chrétien (3).

Mais il est une chose qu'il faut surtout remarquer, c'est que plusieurs fois l'occasion lui est offerte de visiter l'Italie. Il nous apprend lui-même que pendant les différents séjours qu'il fait à Rome, les anciens monuments de cette capitale attirent fréquemment ses regards : il admire en particulier la vaste étendue des thermes de Dioclétien avec leurs marbres et leurs

---

(1) ... Ammirabilem sancti Eligii crucem... incomparabile ornamentum, quod vulgo crista vocatur... Pulpitum antiquum, subtilissima, nostrisque temporibus irreparabili sculptura, et antiquarum historiarum descriptione *humanam æstimationem excedebat.*

(2) Quod, in scholis addiscens, si unquam facere possem, appetebam. (Lib. de adminíst.)

(3) Conferre consuevi cum Hierosolymitanis et gratantissime addiscere quibus Constantinopolitanæ patuerant gazæ et S. Sophiæ ornamenta, utrum ad comparationem illorum hæc aliquid valere deberent. (Lib. de administ., p. 346.)

nombreuses colonnes (1). L'antiquité ne vient pas seule s'offrir à ses yeux : la magnificence des églises, la beauté de leurs peintures et de leurs ornements de tout genre laissent dans ses souvenirs les plus vives impressions. Le troisième voyage de Suger au delà des monts, en 1123, ne dure pas moins de six mois ; l'Italie lui offre alors, du nord au midi, ses monuments de tous les âges (2) : c'est alors surtout que le goût des arts chrétiens s'empare de son esprit avec force : sans doute les œuvres de la peinture et de la sculpture, à cette époque, sont loin encore de la perfection, même en Italie ; mais sous le ciel de cette péninsule elles ont une supérioriоté relative qui peut déjà servir de modèle.

Nous venons de rechercher les sources diverses de ce goût artistique qui distingue Suger dès sa jeunesse, et que les circonstances doivent heureusement développer. Un jour vient, en effet, où il lui est permis d'en faire l'application, il réalise pour Saint-Denis le désir qu'il a eu toute sa vie : il entreprend de reconstruire cette église et de l'orner magnifiquement (3). L'amour de l'art n'est point sans doute le principal et unique sentiment qui anime dans cette occasion l'abbé de Saint-Denis : un motif d'un ordre supérieur le dirige ; mais il est certain que chez lui un sentiment se mêle à l'autre, et que tout ce que les

(1) Columnas Romæ in palatio Diocletiani et aliis thermis sæpe mirabiles conspexeramus. (Libellus de consecrat eccles., p. 352.)

(2) Vit. Ludov. Grossi.

(3) Quod scholaris puer audiebam, juvenis dolebam, maturus corrigi affectuose appetebam. (Lib. de consecrat. eccles., p. 352.)

arts peuvent produire de grand et de beau, il le fera servir à l'honneur de son église.

L'histoire des immenses travaux d'architecture et des autres ouvrages que Suger fait exécuter sous sa direction, entre les années 1138 et 1145, est retracée avec détail dans le livre de son administration. Il serait inutile sans doute de la reproduire dans cette thèse; mais un point très-important que nous désirons établir, c'est l'influence que l'abbé de Saint-Denis devait exercer, de cette manière, sur le mouvement des arts en France dans le douzième siècle. Nous parlerons en premier lieu de l'architecture.

Jusqu'au douzième siècle, les églises s'élèvent au moyen des ressources des chapitres que viennent accroître les dons et les aumônes des fidèles. Mais alors on voit se produire quelque chose de tout nouveau, et c'est de l'Ile-de-France, de Saint-Denis, que doit partir le premier signal. Il y a là, nous le répétons, un point important dans l'histoire de l'art, et qui ne nous semble pas avoir encore été suffisamment remarqué. Nous n'aurons pas, il est vrai, la prétention de le traiter complétement, mais nous essayerons de l'indiquer par quelques traits caractéristiques, propres à le faire un peu ressortir et à lui donner quelque vraisemblance.

Nous emprunterons à Suger lui-même un des textes qui doivent servir de base principale à notre démonstration. Dans le petit ouvrage qu'il a écrit sur la consécration de Saint-Denis, il nous apprend qu'il avait eu d'abord la pensée de demander à Rome une partie des précieux matériaux qu'il désirait employer à la construction de la nouvelle basilique (1). Informé qu'une carrière ouverte aux environs de Pontoise renfermait des pierres d'une excellente qualité, il résolut de profiter de cette découverte, et sur-le-champ il ordonna aux ouvriers de se mettre à l'œuvre. Mais laissons l'abbé de Saint-Denis parler ici lui-même (2). « Toutes les fois, dit-il, que l'on tirait du fond de la carrière de grands blocs de pierre attachés à des câbles, les gens du pays et ceux même des contrées voisines, remplis d'un zèle louable, qu'ils fussent nobles ou roturiers, se faisaient attacher aux cordes par les bras, par la poitrine et les épaules, et conduisaient le fardeau à la manière des bêtes de somme. A la descente de la ville, des hommes de toutes professions quittaient leurs instruments de travail, venaient d'eux-mêmes à la rencontre du charroi, et offraient de joindre leurs forces à celles des autres travailleurs pour triompher des difficultés de la route; ils cherchaient ainsi à servir de tout leur pouvoir la gloire de Dieu et celle des saints martyrs. »

Les dates seront ici très-importantes à remarquer. Le récit de l'abbé Suger se rapporte à l'année 1138,

---

(1) Libellus de consecrat. eccles. Duchesne, t. IV, p. 352.

(2) Quotiens autem columnæ ab imo declivo, funibus innodatis extrahebantur, tam nostrates, quam loci affines bene devoti, nobiles et innobiles, brachiis, pectoribus et lacertis funibus adstricti, vice trahentium animalium educebant; et per medium castri declivium diversi officiales, relictis officiorum suorum instrumentis, vires proprias itineris difficultati offerentes, obviabant, quanta poterant ope, Deo sanctisque martyribus obsequentes. (Libellus de consecrat. eccles. Duchesne, t. IV, p. 352.)

et c'est en l'année 1144 (1) qu'il fait célébrer la consécration générale de la nouvelle église. Or parmi les hommes qui avaient été présents à cette solennité, et qui avaient pu admirer la grandeur et la beauté de Saint-Denis, se trouvaient Thibaut de Blois et Geoffroi, évêque de Chartres. Thibaut et Geoffroi se sentirent saisis d'une vive émulation et résolurent de poser eux-mêmes, en l'honneur de Notre-Dame de Chartres, les fondements d'une nouvelle et magnifique église. Le travail fut commencé dès l'an 1145, et l'on vit se reproduire aussitôt, mais avec beaucoup plus d'étendue encore, le mouvement merveilleux dont Saint-Denis avait été naguère le théâtre.

Ce mouvement religieux et populaire gagna presque immédiatement la Normandie, et c'est alors que Haymon, abbé de Saint-Pierre-sur-Dives, composa cette lettre curieuse, où il nous rapporte avec détail et sous les formes les plus vives, cette nouveauté encore sans exemple dans l'histoire. Nous nous bornerons à extraire de cette lettre un passage qui répète exactement, pour l'église de Chartres, ce que Suger nous a raconté à l'occasion de Saint-Denis, sept ans auparavant (2).

---

(1) Lib. de reb. in administ. sua gest.

(2) Quis enim vidit unquam, quis audivit in omnibus generationibus retroactis, ut tyranni, principes, potentes in sæculo honoribus et divitiis inflati, nobiles natu viri et mulieres, superba et tumida colla loris innexa plaustris summitterent, et plaustra vino, tritico, oleo, calce, lapidibus, cæterisque vel vitæ usui, vel structuræ ecclesiæ necessariis, ad Christi asylum, animalium more brutorum, pertraherent. (Haimonis abb. S. Petri Divensis relatio. Apud. Mabillon, t. VI annal. Benedict., p. 393.)

« Qui a jamais vu, dit l'abbé Haymon, qui a jamais entendu dire dans les siècles passés que des princes, des hommes puissants dans le siècle, élevés au comble de la richesse et des honneurs, que des gens nobles, hommes et femmes, aient incliné leurs cous superbes et fiers pour être attachés à des chariots, et qu'ils aient, à la manière des bêtes de somme, traîné jusqu'à la demeure du Christ ces chariots chargés de chaux, de pierres, de bois et de tout ce qui est nécessaire soit pour l'usage de la vie, soit pour la construction de l'église ? »

L'évêque de Rouen, Hugues, nous retrace littéralement le même tableau lorsqu'à son tour il nous parle des églises de son diocèse (1). Suivant son témoignage, l'exemple donné par Saint-Denis et successivement communiqué à la ville de Chartres et à la Normandie se répand bientôt dans les autres provinces : c'est pourquoi Thierry, évêque d'Amiens, demande à celui de Rouen quelques renseignements sur cette nouveauté extraordinaire dont la Picardie commençait à ressentir elle-même les effets.

Les récits de l'abbé de Saint-Pierre-sur-Dives et de l'évêque de Rouen nous apprennent que c'est pour l'église de Notre-Dame de Chartres que le

---

(1) Facta sunt hæc anno incarnati Verbi MCXLV... Apud Carnotum cœperunt in humilitate quadrigas et carpenta trahere ad opus ecclesiæ construendæ... hæc fama celebris circumquaque pervenit, nostram denique Normanniam excitavit. (Epist. Hugonis episc. Rotom. ad Theoderic. Ambian. episc. Mabillon, t. VI annal. Bened., p. 392.)

.... Non solum ibi (Carnoti) sed in tota pene Francia et Normannia et aliis multis locis. (Robertus de Monte ad ann. 1145.)

mouvement populaire commence à prendre d'immenses proportions. Mais le texte irréfragable de Suger, nous rapporte un fait qui s'est passé sept ans auparavant, et qui place dans l'Ile-de-France, à Saint-Denis même, le point de départ de ce grand mouvement religieux et architectural du douzième siècle. La filiation des événements et l'ordre chronologique des textes se réunissent ainsi, pour donner au fait que nous cherchons à établir, un certain caractère de vérité. Nous ne prétendons pas, sans doute, que Suger ait été l'auteur direct de cet élan extraordinaire des peuples pendant le douzième siècle; il y avait dans les esprits une disposition antérieure et générale qui n'attendait qu'une occasion pour produire ses effets.

Cependant Suger n'avait pas voulu seulement élever une grande et majestueuse basilique; il avait résolu aussi de la rehausser de tous les genres d'éclat que donnent les arts et la richesse. On peut lire dans le livre de son administration le détail de tous les magnifiques ouvrages qu'il fit exécuter par des artistes appelés des diverses parties de la France et même de l'Europe (1). La Loraine, qui fournit à Suger un grand nombre d'orfévres et de fondeurs, communiqua certainement à l'Ile-de-France quelques-unes de ces tra-

(1) ..... Accitis fusoribus et sculptoribus electis.......

..... Accitis melioribus quos invenire potui de diversis partibus pictoribus..... (Lib. de administ.)

..... Per plures aurifabros Lotharingos... (*Ibid.*)

Inter alia quæ nobiliter gessit, varios de cunctis regni partibus asciverat artifices, latomos, lignarios, pictores, fabros ferrarios vel futores aurifices quoque ac gemmarios, ***singulos in arte sua peritissimos.*** (Vit. Suger, l. II.)

ditions artistiques qui remontaient à Charlemagne et dont la ville d'Aix-la-Chapelle avait été le centre principal. Une foule d'autres artistes réunis sur le même point devaient y exercer nécessairement une semblable influence. Mais nous nous arrêterons plus particulièrement à un fait qui nous paraît mériter une grande attention, parce qu'il ajouterait un nouveau et glorieux titre à la reconnaissance que les arts doivent à Suger.

On croit généralement que la France ne possède pas de vitraux peints qui soient d'une date antérieure à ceux que l'abbé Suger fit exécuter à grands frais pour Saint-Denis, et dont nous avons encore quelques précieux échantillons. Les écrivains français ne mentionnent pas ce genre de décoration avant le douzième siècle, et leur témoignage se trouve parfaitement d'accord avec l'opinion générale. Il nous serait donc permis déjà de penser qu'avant l'abbé Suger, l'art de peindre sur le verre n'était pas encore pratiqué, au moins dans l'Ile-de-France. Or nous avons rencontré des textes qui semblent bien appuyer cette probabilité. Le moine Guillaume nous apprend, en effet, que Suger fit présent à Notre-Dame-de-Paris de belles verrières peintes semblables à celles de Saint-Denis : il les appelle une œuvre insigne et les fait remarquer comme quelque chose de nouveau et de tout à fait extraordinaire (1). On peut dès lors conclure, avec avec quelque raison, que si les

(1) Indicium evidens est liberalitatis ejus eximiæ, in ecclesia Parisiensi illud ex vitro opus insigne. (Vit. Sug., l. XI.)

deux plus importantes églises de l'Ile-de-France, Saint-Denis et Notre-Dame-de-Paris n'avaient pas possédé jusque-là cette espèce d'ornement, on l'eût vainement cherchée ailleurs. L'écrivain cité plus haut ajoute que l'on admira ensuite dans plusieurs églises des ouvrages du même genre, et qu'ils étaient dus également à la munificence de l'abbé de Saint-Denis (1). Nous pourrions donc faire honneur à Suger d'avoir transplanté le premier, dans l'Ile-de-France, cet art merveilleux qui devait briller d'un si vif éclat pendant le moyen âge, et que notre siècle a fait revivre très-heureusement parmi nous.

A quelle source Suger dut-il emprunter lui-même l'art de peindre sur le verre ? C'est une question que nous allons maintenant examiner en quelques mots.

Suger nous apprend qu'il fit venir des pays voisins de la France une partie des artistes qui travaillèrent pour Saint-Denis, et il compte dans le nombre les peintres et les verriers (2). Nous savons d'un autre côté qu'il rattachait généralement ses travaux d'art à ses souvenirs d'Italie et qu'il avait eu même l'intention de tirer de la ville de Rome une partie des matériaux nécessaires à la nouvelle construction de Saint-Denis. Or nous trouvons dans Anastase, le bibliothécaire, un texte précieux qui nous donne la preuve que depuis trois siècles, déjà, les églises de Rome possédaient de riches peintures sur verre.

(1) Plurima hujuscemodi exstant illius opera quæ pluribus in locis non tam ex debito fecit, quam ex gratia. (*Ibid.*)

(2) Vitrearum etiam novarum præclaram varietatem tam superius quam inferius.... magistrorum multorum *de diversis nationibus* manu exquisita depingi fecimus. (Lib. de administ.)

Suivant l'assertion d'Anastase, dès le milieu du neuvième siècle, c'est-à-dire entre les années 855 et 858, le pape Benoît III orna de superbes vitres coloriées les fenêtres de l'église de Sainte-Marie, au delà du Tibre (1). Il est donc certain que l'abbé Suger, dans ses trois voyages d'Italie, put voir et admirer ce genre d'ornement qui était fort dispendieux et que l'on réservait pour les principales églises. Mais la Lorraine avait conservé aussi, à ce qu'il semble, les traditions de cet art dont la connaissance devait se rattacher à l'époque carlovingienne, et la Lorraine pourrait bien ainsi avoir fourni encore à Suger des peintres verriers qui travaillèrent à son église.

Dès ce moment la peinture sur verre se naturalisa, si on peut le dire, dans notre patrie. Nous voyons en effet Suger fonder à Saint-Denis une première école de peintres-verriers : il nous apprend lui-même qu'il établit près de son église un maître stipendié par l'abbaye et spécialement chargé de la garde et de la réparation des immenses vitraux de la basilique (2). Cette école produisit les nouvelles verrières dont l'abbé fit présent à Notre-Dame de Paris ainsi que les divers ouvrages de même genre dont il embellit encore quelques autres églises.

---

(1) Præfatus beatissimus Papa (Benedictus III) in ecclesia B. Dei Genitricis quæ ponitur trans Tiberim, absidam majorem ipsius ecclesiæ noviter atque a fundamentis faciens ad meliorem erexit statum. *Fenestras vero vitreis coloribus ornavit* et pictura musivi decoravit. (Anastase ad ann. 855, édition de Fabroti, typographia regia, 1649, p. 206.)

(2) Unde quia magni constant opere mirifico sumptuque profuso vitri vestiti, tuitioni et refectioni earum ministerialem magistrum constituimus. (Lib. de adm.)

Les grandes basiliques du douzième et du treizième siècle eurent très-probablement elles-mêmes un certain nombre d'artistes particulièrement attachés à leur service, et ceux-ci formèrent à leur tour des écoles de peintres-verriers qui propagèrent cet art admirable que Suger avait, à ce qu'il semble, transplanté dans notre patrie.

Après avoir examiné quelle part d'influence Suger exerça sur les arts, il paraît assez naturel de rechercher si les études littéraires et les écoles qui en étaient la source trouvèrent en lui un ami et un protecteur. Nous devons avouer d'abord qu'il ne nous a pas été possible de réunir un ensemble de faits assez nombreux et assez précis, pour résoudre complétement cette intéressante question. Nous avons pensé toutefois que ce n'était pas une raison de la passer entièrement sous silence; nous avons cru qu'il ne serait pas inutile au moins de rapprocher les indications diverses que nous avions pu recueillir et qui semblent montrer dans Suger le protecteur des études et des écoles au douzième siècle.

L'abbé de Saint-Denis, suivant ce qu'il nous apprend lui-même, n'avait pas fréquenté dans sa jeunesse les écoles de Paris : il avait trouvé à Saint-Denis même ses premiers maîtres (1), et c'était dans le monastère de Saint-Florent de Saumur qu'il avait suivi l'enseignement de la théologie (2). Ses études, toutefois,

(1) Ibidem per decennium commoratus juvenis ætate et moribus... (Constitutio III, seu testamentum. Duchesne, t. IV, p. 549.)
(2) Epist. Sug. ad Eugen. III papam. (*Ibid.*, p. 522.)

n'avaient manqué ni de profondeur ni d'étendue, puisque nous le voyons s'élever bientôt à la réputation de dialecticien habile et d'éloquent orateur. Aussi devait-il conserver toute sa vie un goût marqué pour les discussions savantes ; suivant le témoignage de son secrétaire Guillaume, il traitait fréquemment des questions de dialectique, de littérature et de théologie (1). Toujours aussi l'abbé Suger rappelait avec bonheur le souvenir des écoles où il avait passé les premiers temps de sa vie et il considérait son éducation comme l'un des plus grands bienfaits dont il fût redevable à Saint-Denis (2). Si l'abbé Suger n'avait pas été l'élève des écoles de Paris, il n'en appréciait pas moins le mérite particulier. Nous le voyons se lier de bonne heure avec Joslen, l'un des maîtres les plus distingués des écoles de la capitale (3), et c'est à la savante critique de ce professeur devenu évêque de Soissons, que l'abbé de Saint-Denis soumet son histoire de la vie de Louis le Gros (4). En 1128, Suger prête son appui et ses conseils à l'évêque de Paris, Étienne, pour la réforme de la discipline et des études dans l'école du cloître de Notre-Dame. Chargé,

---

(1) Cum in studiis liberalibus adeo valuerit, ut de libris nonnunquam *dialecticis*, sive *rhetoricis subtilissime* dissereret. (Vit. Suger., lib. I.)

(2) ... Quorum mirabili et ineffabili beneficio *educati*, *docti* et adjuti sumus. (Constitutio I, Apud Duchesne, Hist. franc., t. IV, p. 546.)

... Quæ (ecclesia S. Dionysii) materno affectu me lactaverat puerum... (Lib. de reb. in admin. sua gest.)

(3) ... Magister Joslenus... doctus et doctor, quippe cui suppeditabat facundia et uber vena sapientiæ quocumque voluisset elogium derivare. (Ex vita Goswini Aquicinctensis abb. apud Scriptores rer. gallic, t. XIV, p. 442.)

(4) Serenissimi regis Francorum Ludovici gesta approbatæ scientiæ vestræ arbitrio delegamus. (Ex prolog. Vitæ Ludov. Grossi.)

peu après, de l'éducation du prince Louis, héritier de la couronne, Suger n'hésite pas à confier le royal disciple à cette même école : la haute estime qu'elle lui inspire ne se révèle pas moins encore dans une lettre qu'il adresse au pape Eugène III, et dans laquelle il appelle l'enseignement de Notre-Dame *une lumière fameuse du docteur* (1).

Nous voyons d'un autre côté que Louis VII conserva toujours un profond souvenir des leçons du cloître, et telle était sa singulière prédilection pour les professeurs et pour les écoliers, que, suivant l'auteur anonyme de sa vie, il ne manquait jamais de leur assigner une des premières places dans les cérémonies (2). Il n'est guère possible de croire que Suger n'ait point partagé des sentiments qu'il avait contribué lui-même à faire naître chez ce monarque. Mais ce n'est point là une simple supposition, et nous avons la preuve certaine que la sollicitude de Louis VII et de son ministre pour les écoles se manifesta par des actes d'une assez grande importance.

Un texte précieux de Rigord nous apprend que, même avant Philippe-Auguste, Louis VII accorda aux différentes écoles de la capitale des priviléges considérables. « Studium litterarum florebat Parisiis, quod

---

(1) Cum enim venerandi status nobilitate claruerit (ecclesia Parisiensis) et famosâ doctrinæ lampade hactenùs clarere consueverit. (Epist. Sug. ad Eugen. III papam. Duchesne, t. IV, p. 61.)

(2) Vidi enim quam sæpius quòd in processione solemni respiciebat si aliquis clericus vel scholaris, quia civitas illa dulcis et gloriosa multis abundat scholaribus, eum fortuito sequeretur... Dicebat ergo : Ite, ite meum est et omnium laicorum vos subsequi. (Ex commentario Stephani Parisiensis in regulam S. Benedicti. Mabillon, Annales Bened., t. VI, p. 700.)

non fiebat propter loci illius admirabilem amœnitatem et bonorum omnium affluentiam, sed etiam propter libertatem et specialem prærogativam defensionis quam Philippus Rex et *pater ejus ante ipsum*, ipsis scholaribus impendebat (1). »

Il est donc permis de penser que si Philippe-Auguste fut le véritable créateur de l'ancienne université, Louis VII et Suger ouvrirent en quelque sorte la voie que devait suivre un jour ce prince aussi éclairé que généreux.

Un événement qui se rapporte à l'époque de la régence de Suger nous montre que le mérite littéraire et la supériorité dans l'art de l'enseignement obtinrent partout, dans l'esprit du ministre, une grande recommandation. Pierre, maître des écoles de l'église de Meaux, ayant été accusé d'injures graves envers un membre de la même église, le jugement de cette affaire fut déféré au saint-siége. Après avoir entendu les deux parties, la cour de Rome ne se croyant pas suffisamment éclairée, renvoya l'affaire à l'examen et au jugement de Suger. Les cardinaux Jean et Hugues écrivirent tout exprès à l'abbé pour lui dire que si la culpabilité de Pierre n'était pas absolument reconnue, sa conduite jusqu'alors irréprochable et le zèle qu'il avait toujours montré dans l'enseignement des lettres, seraient sans doute des titres puissants à la bienveillance de son juge (2).

---

(1) Rigordus ad annum 1209.

(2) Studium quod semper liberalibus artibus applicuit et honestas morum, in quantum novimus, apud benignitatis vestræ prudentiam non mini-

Le cardinal Jean semble reconnaître Suger comme le gardien et le régulateur de la discipline des écoles : il lui déclare que c'est à lui de peser toutes choses avec sagesse, de réprimer les excès, mais d'honorer la science, de maintenir la discipline et de montrer en même temps de l'indulgence. « Cohibeatur stultitia, honoretur scientia, doctrina formetur et caritas reparetur (1). »

Nous ajouterons maintenant que Suger ne témoigna pas seulement de l'estime pour les études et pour ceux qui les dirigeaient, il leur fit encore ressentir, dans l'occasion, les effets de sa munificence. Nous voyons par sa correspondance qu'il étendait volontiers sa libéralité sur plusieurs des écoliers pauvres qui venaient étudier à Paris. Nous avons encore une lettre de remercîment que lui adresse Wolberon, abbé de Saint-Pantaléon de Cologne, au sujet de son neveu, jeune écolier que Suger avait pris sous sa protection (2). Dans une autre lettre, le pape Eugène III prie l'abbé de Saint-Denis de continuer ses secours à un diacre romain auquel il est déjà venu en aide, et qui devra ainsi à Suger d'avoir fait d'heureux progrès dans l'étude des lettres (3).

---

mam gratiam debent promereri. (Epist. Hugonis romani cardin. ad Suger., 142. Duchesne, Hist. franc., t. IV, p. 528.)

(1) Epist. Joannis Cardin. ad Suger., 140. Duchesne, Hist. franc., t. IV, p. 537.

(2) *Ibid.*, p. 529.

(3) Rogando mandamus quatenùs tuæ liberalitatis manum ei non subtrahas... et sic inchoatæ largitatis adhuc beneficium largiaris, ut et ipse studio litterarum valeat, *te auxiliante*, proficere. (Epist. Eugen. III papæ ad Suger. D. Martène, Thesaurus anecd., t. I, col. 416.)

Ce ne sont là sans doute que des secours individuels et temporaires, mais ne semblent-ils pas faire déjà pressentir ces établissements généreux qu'une pensée amie des études doit élever ensuite auprès de nos écoles, et dont le premier souvenir se rattache au glorieux nom de la Sorbonne?

CONCLUSION.

Initié de très-bonne heure à la science du droit, Suger, comme abbé de Saint-Denis et comme ministre de la cour, prend une part active au rétablissement de la justice publique dans l'Ile-de-France. Il commence à faire revivre dans le temporel de Saint-Denis l'agriculture, l'administration civile et l'économie financière, et il étend les mêmes bienfaits au domaine de la couronne. A l'époque où la royauté entreprend de dompter quelque peu l'esprit féodal, l'abbé de Saint-Denis tempère, par une heureuse médiation, la lutte des deux pouvoirs. Il maintient, en même temps, un équilibre salutaire entre la puissance française et la puissance normande, et il conserve une paix heureuse avec les empires de Germanie et de Constantinople.

Profondément versé dans la connaissance des affaires temporelles, mais attaché en même temps à la vie religieuse, Suger concilie avec bonheur les intérêts souvent opposés ou confondus de l'Église et de l'État. Investi d'un grand pouvoir, sans porter aucun titre, il exerce sur l'Église et sur l'État une influence d'autant plus profonde, qu'elle n'a rien d'extérieur, qu'elle n'a sa source que dans les inspirations de la sagesse et du dévouement. Suger, élevé si haut dans la confiance des rois devient naturellement l'un des historiens de la monarchie; mais par la nature de ses idées, il en est surtout le panégyriste. L'histoire de la vie de Louis VI, estimable et précieuse à certains égards, n'est pas une œuvre complète; elle est loin surtout de ressembler à une œuvre classique. Cependant Suger n'a pas été seulement initié à l'étude du droit, de l'administration, de la politique et des lettres : il a reçu encore, dès son enfance, une vive impression des arts, et dès son enfance même, il a médité le projet de reconstruire magnifiquement l'ancienne basilique de Saint-Denis. L'accomplissement de ce grand dessein paraît être l'occasion d'un mouvement nouveau imprimé aux arts, vers le milieu du douzième siècle. Enfin Suger ne semble pas être moins l'ami des lettres que des arts, et plusieurs indices portent à croire qu'au douzième siècle encore, les études trouvent dans l'abbé de Saint-Denis un généreux protecteur.

Vu et lu,

à Paris, en Sorbonne, le 15 août 1855,

par le Doyen de la Faculté des Lettres de Paris,

J.-VICT. LE CLERC.

Permis d'imprimer,

le Vice-Recteur de l'Académie,

CAYX.

Paris.—Imprimé par E. THUNOT et Ce, rue Racine, 26, près de l'Odéon.

www.ingramcontent.com/pod-product-compliance
Ingram Content Group UK Ltd.
Pitfield, Milton Keynes, MK11 3LW, UK
UKHW021118220726
13924UKWH00004B/1780

9 782019 272838